Angeln

Eberhard Bondick

Angeln

Kleine Fibel für den Sportfischer

Überarbeitete Auflage

Eine Fülle weiterer Informationen finden Sie im FALKEN Buch „Angelfischerei“ (Nr. 324).

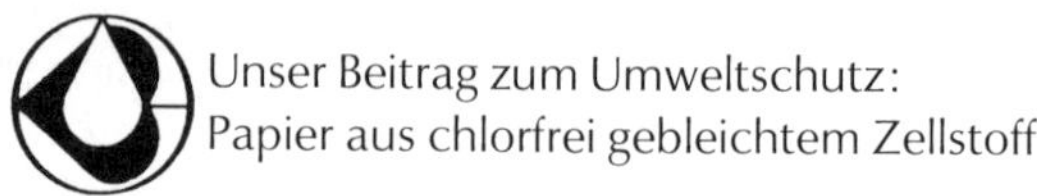

ISBN 3 8068 0198 3

Umschlaggestaltung: Zembsch' Werkstatt, München
Titelfoto: Noris Shakespeare, Köln
Fotos: Balzer, Lauterbach/Hessen
Textzeichnungen: Silvia Bondick

Gesamtherstellung: Wiesbadener Graphische Betriebe GmbH, Wiesbaden

04019864X282 7

Inhalt

Vorwort

Das Angeln ist eine ernste Wissenschaft.
Behaupten die einen.
Sie sind es dann auch, die die meisten Bücher über die Sportfischerei schreiben. Und so wissenschaftlich und so ernst, daß ein Anfänger sie kaum verstehen kann.
Das Angeln ist Sport.
Behaupte ich.
Noch dazu ein Sport, der dazu dienen soll, sich zu entspannen, zu erholen und außerdem noch einer Passion zu frönen ... und trotzdem aufregende Minuten zu erleben.
Deshalb wird dieses Büchlein mit Sicherheit auch kein wissenschaftliches und schon gar nicht ein ernstes Werk werden. Es soll nämlich gelesen werden.
Womit der Sinn dieses „Ratgebers für Sportfischer" wohl klar herausgestellt ist: gerade der Anfänger soll mit seiner Hilfe all das lernen, was er theoretisch überhaupt zu lernen vermag. Alles andere ist dann eine Sache der Praxis. Kein Meister ist vom Himmel gefallen! Und so wird der Leser dieses Büchleins, wenn er auf der letzten Seite angelangt ist, auch bestimmt noch kein Meister der Sportfischerei sein. Dafür wird er jedoch allerlei Zusammenhänge begriffen haben, die ihm heute noch ein „Buch mit sieben Siegeln" sind. Und vor allem wird er über die Fische selbst, über die Angelgeräte und die Angelmethoden grundsätzlich Bescheid wissen.

Der Verfasser

Einleitung

Geruhsame Ferien vom Ich, ganz gleich, ob nur für ein paar Stunden, über ein Wochenende hinweg oder aber gar für eine ganze Urlaubszeit, das ist doch in unserer heutigen Zeit der beherrschende Gedanke all derer, die tagtäglich in die Tretmühle des Berufes eingespannt sind. An Wald und Wasser liegen deshalb wohl auch die meisten Ziele für Ausflüge und Ferienfahrten, bedeutet doch der Wald besinnliches Ausruhen und Spazierengehen in frischer Luft, während das Wasser zum Umhertollen, Baden und Sonnen verführt. Und so liegt man denn eines Tages bäuchlings am Ufer, starrt in die spiegelnden Fluten ... „da sieh mal, ein Fisch!"

Angeln! Na sicher, das ist das Ei des Kolumbus. Kurz entschlossen geht man in das nächste Fachgeschäft. Womit die meisten bereits bedient sind und den Laden verzweifelt wieder verlassen. Denn nicht nur, daß einem dort freundlich mitgeteilt wird, daß man zum Fischen allerlei Genehmigungen benötigt, Schonzeiten und Mindestmaße berücksichtigen muß, auf bestimmte Fischarten auch nur ganz bestimmte Angelgeräte verwenden kann, nein, allein schon die fast unvorstellbare Vielfalt der Angelgeräte selbst verschlägt einem den Atem – und die Lust am Vergnügen. Denn das Angeln ist heute leider beinahe eine eigene Wissenschaft geworden. Ja früher ...

Früher, das bedeutet in der Geschichte der Fischerei einen Rückblick bis zu den ersten Menschen, die ja ausschließlich vom Sammeln, von Jagd und Fischerei lebten. Früher, das bedeutet Fischreichtum in allen Wassern und daher über lange Zeitläufe hinweg nur wenige, verhältnismäßig primitive Geräte, die bis vor noch gar nicht langer Zeit ohne große Abänderung völlig ausreichten, um den Menschen zu ernähren und ihm in neuer Zeit auch eine interessante Sportmöglichkeit zu bieten.

So gab es in der mittleren Steinzeit zum Beispiel schon gut brauchbare Fischreusen, Netze, Fischspeere, Schluckhaken in Knebelform und vieles andere mehr. Aus dem 6. Jahrhundert ist bekannt, daß man in Europa bereits Bronze-Angelhaken mit Widerhaken und Anknüpfer verwandte, welche sich von den heute üblichen kaum unterschieden. Angelruten mit Rollen und langen Schnüren wurden bereits um 1200 n. Chr. in China verwandt, und im Mittelalter benutzte man in Europa schon Schnüre aus gedrehten Pferdehaaren und die verschiedenartigsten Haken und Köder.

Als man in England im Jahre 1848 die gespließte Rute erfand, begann eine Revolution in der sportlichen Fischerei. Das ist eine Rute, die aus mehreren, miteinander verleimten, genau passenden Längsstreifen aus zähem Holz, und später aus bambusartigen Hölzern in Präzisionsarbeit hergestellt wurde und die moderne Wurfangelei einleitete.

Ohne diese Wurfangelei ist heute das sportliche Fischen praktisch auch kaum mehr möglich. Der Rückgang des Fischvorkommens durch Flußbegradigung, schädliche Abwässer und überstarke Fischnutzung machen es erforderlich, den für den jeweiligen Fisch günstigen Köder auf weite Entfernung hin anzubieten bzw. das Gewässer systematisch mit großen Wurfweiten abzufischen. Hierzu gehören jedoch nicht nur moderne Geräte und Angeltechniken, sondern auch vor allem ein exaktes Wissen um die Arten der Fische, ihr Vorkommen und ihre Lebensbedingungen, ohne die man in den meisten Gewässern heute kaum noch Erfolg haben dürfte. Außerdem ist die genaue Kenntnis der Gesetze, Verordnungen und örtlichen Bestimmungen erforderlich, die jeder Sportfischer genau einhalten muß. Was man nun wo, wann und wie vor allem womit an den Haken bekommt, wird der Leser in den folgenden Kapiteln erfahren.

Wo leben welche Fische?

So wie jedes Tier, ist auch der Fisch stark von seiner Umwelt und den oft sehr unterschiedlichen Lebensbedingungen abhängig. Wassertemperatur, Fließgeschwindigkeit und damit Sauerstoffgehalt des Wassers, Beschaffenheit des Grundes, Wasserpflanzen und Kleinlebewesen beeinflussen weitgehend den Lebensraum der einzelnen Fischarten. Meist sind die verschiedenen Fischarten auf ganz bestimmte Gewässer beschränkt. Auf Grund dieser Erkenntnis hat man sowohl die fließenden, als auch die stehenden Gewässer nach den in ihnen hauptsächlich vorkommenden Fischen, den „Leitfischen", in verschiedene Regionen eingeteilt. Selbstverständlich greifen diese Regionen an ihren oberen und unteren Grenzen oft ineinander über, so daß diese Einteilung nur als ein gewisses Schema gedacht ist, um dem Sportfischer zu zeigen, wo er mit welchen Fischen rechnen kann. Hiervon allein hängen nämlich schon das zu verwendende Angelgerät, die Köder und die Angelmethoden weitgehend ab.

Fließende Gewässer

1. Forellenregion
Hoch- und Mittelgebirgsbäche mit klarem, schnellfließendem und sehr kaltem Wasser (höchstens +10°C) über Stein- oder Kiesgrund. Leitfisch ist die Bachforelle.
Außerdem kommen vor die Regenbogenforelle, Äsche, Aitel (Döbel), weiterhin die kleinen Koppen, Elritzen und Bartgrundeln. In manchen Gebieten auch der Bachsaibling und das Bachneunauge.

2. Äschenregion
Bäche und kleine bis mittlere Flüsse unterhalb der Forellenregion mit klarem, gutströmendem und meist schon etwas tieferem, stets kaltem Wasser (selten über +15°C) über Kies- und Sandgrund. Leitfisch ist die Äsche.
Weiterhin kommen vor die beiden Forellenarten, Aitel (Döbel), Rutte, Nase, Aal, Elritze und Bartgrundel sowie selten der Hecht.

3. Barbenregion
Mittlere und große, tiefe Flüsse mit gut strömendem, wärmerem Wasser (meist über +15°C) über Kies- und Sandgrund. Leitfisch ist die Barbe.
In diesem Gebiet kommen neben dem Hecht auch Aitel (Döbel), Rutte,

Barsch, Kaulbarsch, Nase, Plötze (Rotauge), Aal, Zander, Karpfen, Hasel, Barsche (Blei), Schlei, Gründling und vereinzelt noch Forelle und Äsche vor.

4. Brachsenregion
Flüsse in den Ebenen, langsam fließend, meist tief und trübe mit warmem Wasser (im allgemeinen um +20°C) über schlammigem, verkrautetem Grund. Leitfisch ist der Brachsen (Blei), daneben auch der Zander.
In diesem Gebiet kommen auch vor: Aitel (Döbel), Barsch, Kaulbarsch, Hecht, Wels, Karpfen, Aal, Rutte, Plötze (Rotauge), Güster (Giester), Barbe, Stint, Stichling, Schlammbeißer und Koppe.

5. Brackwasserregion
Ströme an ihrer Mündung in das Meer mit gemischtem Süß- und Salzwasser über meist schlammigem, oft bewachsenem Grund. Leitfische sind Flundern, Neunauge, Kaulbarsch, Aal und Stichling.
Weiterhin kommen vor Brachsen, Lachs, Meerforelle, Güster (Giester), Plötze (Rotauge), Zander, Rutte und Ukclei.

Stehende Gewässer

1. Hochgebirgsseen
Sehr klares, kaltes Wasser über felsigem Grund, meist nur 10–15 m tief. Leitfisch ist die Bachforelle.
Weiterhin kommen vor Regenbogenforelle, Renke und Koppe.

2. Gebirgsseen
Sehr klares und meist tiefes Wasser (bis höchstens 17°C) über Fels- und Kiesgrund. Leitfisch ist der Seesaibling.
Daneben kommen Forellen und Mairenken vor.

3. Gebirgsrandseen
Tiefes, klares und verhältnismäßig kühles Wasser über festem Grund. Leitfisch ist die Seeforelle.
Außerdem kommen vor Felche, Renke, Koppe, Elritze, Bartgrundel und teilweise Forellen. In Gebirgsrandseen leben außerdem oft auch Barsche, Rutten und Hechte.

4. Flachlandseen
Stehende Gewässer verschiedenster Tiefen und Bodenbeschaffenheiten mit wärmerem bis warmem Wasser führen als Leitfische meist Zander, Brachsen und Karauschen.

Je nach der Gegend kommen außerdem fast alle Fischarten mit Ausnahme von ausgesprochenen Gebirgs- oder Brackwasserfischen vor. Insbesondere leben hier Hecht, Barsch und Kaulbarsch, Karpfen, Schleie, Plötzen (Rotaugen) und Rotfedern, Güster (Giester), Rapfen, Stichling, Stint und Ukelei.

Faustregel für alle Binnengewässer

Je sauberer und sauerstoffreicher das Fließwasser von Bächen und Flüssen ist, desto größer sind der Fischbestand und damit auch die Fangaussichten. Je klarer und kälter stehende Gewässer sind, also Seen, um so weniger Fische leben in ihnen, da hier ein Mangel an Nahrung besteht. Flache Seen der Ebene mit dunklem Wasser sind im Gegensatz hierzu meist sehr viel fischreicher, da sie viele Nährstoffe enthalten.

Die Fischarten und ihre Lebensbedingungen

Die Kunst, Fische mit sportlichem Gerät zu fangen, setzt voraus, daß man ihnen die gewohnte Nahrung in echter oder künstlicher Form am gewohnten Standplatz in richtiger Wassertiefe und zur richtigen Stunde derart lebensecht anbietet, daß der Fisch zum Anbeißen verführt wird.
In fließenden Gewässern befindet sich der Einstand der Fische während ihrer Beißzeit stets dort, wo die meiste Nahrung vorübergetrieben wird. Im allgemeinen ist dies die Grenze zwischen der Strömung und dem Ruhigwasser, sowie auch tiefe Gumpen (Grundlöchern), in denen der Strom sich dreht. Weiterhin günstig sind die Einmündungen von Bächen und der drehende Strom hinter Brückenpfeilern. Überdies bevorzugen Fische solche Stellen, die im Schatten liegen, möglichst unter Bäumen und Büschen, von denen Insekten ins Wasser fallen, oder aber den Schaum im Ruhigwasser, den sie nach ertrunkenen Insekten absuchen.
In stehenden Gewässern, also in Seen, halten die Fische sich meist an der Schar auf; das ist der Rand des Abfalles vom flachen zum tiefen Wasser. Außerdem stehen oder ziehen die Fische gerne über Scharinseln, also über erhöhte Partien des Grundes, hinweg. Weitere gute Einstände sind unter Flößen und Brücken sowie zwischen Wasserkrautflächen und in Schilfgassen. Ausgesprochene „Wühl"-Fische, wie zum Beispiel der Karpfen, bevorzugen modrigen Grund.
Die Höhe des Einstandes im Wasser – also der Raum, in dem der Fisch steht oder zieht – wechselt ständig. Mal ist der Fisch dicht über dem Grund auf Nahrungssuche, mal in mittleren Wassertiefen und mal an der Oberfläche; je nachdem, wo er seine bevorzugte Nahrung gerade finden kann. Zwangsläufig muß der Sportfischer daher – durch Kontrollwürfe in verschiedene Wassertiefen – feststellen, wo die einzelnen Fischarten zur Zeit an den Haken gehen. Das gleiche gilt für die Art des anzubietenden Köders, da der Fisch je nach der Art der augenblicklich vorkommenden Nahrung in dieser Minute nach diesem Köder und fünf Minuten später nach jenem Köder beißt. Von vornherein wird daher angeraten, den ersten gefangenen Fisch sofort aufzubrechen und nachzusehen, woraus sein Mageninhalt besteht. Wer sich mit seinen Ködern schnell hierauf einstellt, wird auch gute Fänge machen. Das gilt besonders für Forellen und andere Fische des Fließwassers.
Ehe man nicht weiß, wie die Fische leben, ist es auch kaum möglich, einen Fisch – außer durch Zufall – an den Haken zu bekommen. Deshalb sind nachfolgend kurz die wichtigsten Fischarten besprochen, damit der Leser in etwa ihre Lebensbedingungen kennenlernt.

Bachforelle

Ein schlanker Raubfisch der kalten Fließgewässer. Meist nicht über 40 cm lang und kaum über 1 kg schwer (manchmal aber auch ganz erheblich stärker). Der schlanke Körper ist mit einer weichen, schuppigen Haut bedeckt. Der Rücken ist dunkel, der Bauch hell, und an beiden Seiten befinden sich viele schwarze und rote runde Tupfen (s. Tafel I, Bild 3).
Die Bachforelle ernährt sich von Kleinlebewesen, wie z. B. Flohkrebsen, Fliegen und deren Puppen oder Larven, von Würmern, Käfern und Heuschrecken sowie von Fischen; sie nimmt daher ohne weiteres auch Jungfische der eigenen Art. Forellen sind Einzelgänger und leben in einem eng begrenzten Raum. Hierbei hat die stärkste Forelle stets den besten Standplatz. Fängt man sie weg, so übernimmt unweigerlich der nächststärkere Fisch diesen Einstand. Ein einmal ausgemachter, guter Forellen-Einstand ergibt daher stets wieder gute Fänge.
Beste Fangzeit, vor allem mit Fliegen, sind Mai und Juni. Hierzu werden (mit einer Spezialfliegenrute und einer schweren Fliegenschnur) lebende oder künstliche Fliegen angeboten. Diese Fliegen werden entweder „trocken“ auf die Wasseroberfläche geworfen, um hier zu treiben, oder aber „naß“ unter Wasser treibend durch den Einstand des Fisches geführt. Außerdem fischt man mit toten Köderfischen (mit Hilfe einer Spezialspinnrute und Spinnrolle) sowie mit künstlichen Fischen, bei denen es sich um Reizköder aus Metall oder anderen Materialien handelt. Der Fang mit Regenwürmern wird sportlich abgelehnt – und ist in vielen Gewässern sogar verboten –, da gerade junge, untermaßige Forellen sie gerne schlucken, ohne daß man den Haken ohne Tötung dieses Fisches wieder entfernen kann.

Regenbogenforelle

Dieser der Bachforelle sehr ähnliche, aus Amerika eingeführte Fisch lebt auch in etwas wärmerem, fließendem Wasser, wächst erheblich schneller und kämpft an der Angel stärker als die Bachforelle. Die Regenbogenforelle unterscheidet sich von der Bachforelle durch unregelmäßige (nicht runde) schwarze Flecken und einen rötlichen, regenbogenfarbigen Seitenstreifen (s. Tafel I, Bild 2). Lebensweise, Nahrung und Köder sind denen der Bachforelle fast gleich. Die beste Fangzeit liegt allerdings zwischen August und Oktober.

Bachsaibling

Die Bachsaiblinge und die mit ihnen verwandten Arten anderer Saiblinge sind beiden Forellenarten in Lebensweise, Nahrung und damit auch der Annahme des Köders sehr ähnlich. Sie unterscheiden sich von den Forellen vor allem durch verschiedenartigste, meist rötliche Färbungen.

Äsche

In ihrer gestreckten Körperform den Forellen ziemlich ähnlich, sind die Äschen jedoch silbrig geschuppt. Sie besitzen außerdem einen viel spitzeren Kopf mit einem sehr kleinen Maul und eine fahnenartige, aufstellbare Rükkenflosse. Die Äschen leben gesellig, also in Schwärmen, in sauberen, wärmeren Bächen und Flüssen und ernähren sich vor allem von Fliegen, Maden und Würmern (s. Tafel I, Bild 4).
Fast ausschließlich werden die Äschen mit künstlichen Fliegen „trocken" oder „naß" an einem sehr kleinen Haken gefangen. Da sie sich gerne mit dem Kopf in den Grund einbohren und das weiche Maul den Haken nur schlecht hält, verliert man sie sehr leicht von der Angel. Beste Fangzeiten sind der Juni und Juli sowie Herbst und Winter.

Aitel

Bei dem Aitel (oder Döbel) handelt es sich um einen silbrig geschuppten, karpfenähnlichen Fisch, der vor allem in Berggewässern als gefährlicher Räuber gilt und praktisch alles frißt (s. Tafel II, Bild 3). In Scharen lebend, dabei sehr scheu, kann er dem erfahrenen Sportfischer eine schöne Fischwaid bieten, wenn sein Fleisch auch der vielen Gräten wegen nicht gerade beliebt ist. Sein Gewicht kann über 4 kg betragen. Sein Lebensraum beginnt in der Äschenregion und reicht hinab bis zur Brachsenregion, von Gebirgsrandseen bis zu küstennahen Flachlandseen und kann sogar bis in das Brackwassergebiet überschneiden. Er liebt Untiefen und die Ausgänge von Tümpeln, hohle Ufer und Baumwurzeln und liegt bei Sonnenlicht gerne unter überhängenden Zweigen oder hinter Brückenpfeilern im Schatten.
Als Allesfresser kann man den Döbel praktisch mit jedem Köder fangen. Mit Fliegen unter überhängenden Weiden, mit Heuschrecken, Käfern oder Würmern in Ufernähe, zur Obstzeit mit Kirschen oder Pflaumen ohne Kern, mit Käse und Weißbrot, mit kleinen Fröschen und Heringsstücken, mit Teig und im Winter vor allem auch mit lebenden oder toten kleinen Fischen oder

1

2

3

4

5

6

7

TAFEL I

1 Hecht, 2 Regenbogenforelle, 3 Bachforelle, 4 Äsche, 5 Plötze (Rotauge), 6 Rotfeder, 7 Karausche

aber mit Hühnerdärmen bekommt man ihn an den Haken. Meist fängt man allerdings nur einen Fisch, da die übrigen durch das Plätschern während des Kampfes an der Angel flüchtig werden.

Barbe

Dieser schlanke, verhältnismäßig niedrige Fisch mit stark geschuppter Oberfläche fällt vor allem durch sein unterständiges Maul mit dicken, fleischigen Lippen und 4 Barteln (dunkle, fleischige Fäden) an der Oberlippe auf (s. Tafel I, Bild 4). Seine graugrüne Oberseite wird nach den Seiten hin heller und leuchtet vor allem in der Kiemengegend goldfarben. Er besitzt eine mittlere Länge von 30–50 cm (kann jedoch auch fast 1 m lang und etwa 8 kg schwer werden). Sein Lebensraum sind rasch fließende Flüsse mit klarem Wasser und festem Grund, auf dem er tagsüber in der Strömung steht, um erst nachts auf Nahrungssuche zu gehen.
Gefangen wird er hauptsächlich mit Würmern, Larven, den Weichteilen von Schnecken und Muscheln an der auf dem Grunde liegenden Angel.

Brachse

Dieser auch Blei genannte Fisch fällt durch seinen seitlich stark zusammengedrückten und dabei hohen Körper auf (s. Tafel II, Bild 2). Seine Rückenfarbe ist dunkelgrau, während die Seiten einen stumpf-hellen Glanz aufweisen. Bei einer mittleren Länge von 30–50 cm kann er jedoch auch etwa 65 cm lang und 6 kg schwer werden. Er bewohnt langsam fließende Flüsse und Bäche sowie Seen und lebt in Schwärmen nahe den Ufern. Seine Nahrung nimmt er hauptsächlich vom Grund auf. Hierbei bevorzugt er Larven und Flohkrebse sowie Würmer, Muscheln und Schnecken.
Gefangen wird er hauptsächlich mit Würmern an der Grundangel, wobei die Köder auf dem Grund liegen oder dicht über dem Grund schweben.

Güster

Dem Blei sehr ähnlich ist die Güster, auch Giester genannt, allerdings höchstens 30 cm lang. Ihr Lebensraum ist in etwa der gleiche wie der des Bleies, dessen Nahrung sie auch aufnimmt.
Die Fangmethode für die Güster ist daher auch die mit Wurm oder Muschelfleisch beköderte Grundangel auf oder dicht über dem Boden des Gewässers.

Hecht

Dieser gestreckte, zur Schwanzflosse hin deutlich abgesetzte Fisch mit seinem langen, entenschnabelförmigen Kopf ist wohl der größte Räuber, den wir in unseren Gewässern haben. Der von einer stark geschuppten Haut bedeckte Körper mit weit hinten liegender Rückenflosse ist auf dem Rücken meist in einem dunklen Grün gefärbt, während die Seiten bis zu dem fast weißen Bauch immer heller werden und hierbei durch Streifen und Flecken unterbrochen sind (s. Tafel I, Bild 1). Mit einem sehr weit gespaltenen Maul voller großer Fangzähne und Tausenden von kleineren Hechelzähnen, auch auf der Zunge, greift er nach allem, was sich bewegt. Dort, wo er in stehenden oder fließenden Gewässern genügend Nahrung findet, wächst er sehr schnell und besitzt eine mittlere Länge von 40–100 cm und kann in höherem Alter ohne weiteres ein Gewicht von 15 kg erreichen.
Gefangen wird er hauptsächlich mit toten oder lebenden Köderfischen und mit Hilfe von künstlichen Ködern an der Spinnrute. Er nimmt aber auch Frösche, Wassergeflügel, Mäuse und andere kleinere Tiere, die ihm als Köder angeboten werden. Allerdings muß hierzu stets ein starkes Stahlvorfach verwandt werden, da er mit seinem starken Gebiß alle normalen Vorfächer bzw. Angelschnüre sofort durchbeißt.
Der Kampf mit einem kapitalen Hecht ist mit das Aufregendste, was ein Sportfischer erleben kann und dauert unter Umständen mehr als eine halbe Stunde.

Zander

Auf Grund seiner Form wird dieser Fisch in vielen Ländern auch als „Hechtbarsch" bezeichnet, denn in Kopfform und den beiden großen Rückenflossen ähnelt er weitgehend dem Barsch, während seine Körperlänge im Vergleich zur Höhe und sein Maul wiederum etwas dem Hecht gleichen. Mit verhältnismäßig kleinen Schuppen besetzt, ist der Rücken des Zanders graugrün, während die Seiten, verschieden gefleckt, zum weißen Bauch hin immer heller werden. Die mittlere Länge dieses Fisches beträgt 40–50 cm. Verbreitet ist er in Flüssen und Seen bis hinunter zur Uferregion der Ostsee, wobei er kein allzu kaltes Wasser liebt. Seine Nahrung besteht aus allen vorkommenden kleinen Wassertieren.
Gefangen wird der Zander hauptsächlich mit nur 3–5 cm langen, lebenden Köderfischen oder kleinen Blinkern an der Spinnrute und auch mit Würmern. Trotz seiner verhältnismäßigen Größe ist er jedoch kein harter Kämpfer.

Barsch

In fast allen Gewässern, vom Unterteil der Äschenregion an vorkommend, ist der Barsch einer der verbreitetsten Fische. Von Natur aus ein reiner Raubfisch, ernährt er sich hauptsächlich von Würmern und kleinen Wassertieren, dabei vor allem auch von Jungfischen seiner eigenen Art. In unseren mitteleuropäischen Fanggewässern ist er meist nur 10–15 cm lang, kann aber ohne weiteres 30 cm groß werden und bis zu 3 kg wiegen. In seinem Lebensraum, der Bäche, Flüsse und Seen jeder Wassertemperatur umfaßt, lebt er in großen Scharen. Dort, wo man einen Barsch fängt, kann man meist eine große Zahl weiterer Fische erbeuten (s. Tafel II, Bild 5).
Hochrückig, mit ziemlich flachem Körper und einem stumpfen Kopf, dessen weitgespaltenes Maul mit vielen kleinen Zähnen ausgestattet ist, ist dieser stark geschuppte Fisch mit 2 großen Rückenflossen, von denen die vordere sehr harte, spitze Stachel besitzt, in der Hauptsache grüngrau gefärbt.
Bevorzugte Köder für den Barsch sind lebende Fischchen, Würmer und Blinker, die er alle gerne nimmt. Kurze Zeit sehr hart kämpfend, ist er dann jedoch leicht zu landen, wozu kein Stahlvorfach erforderlich ist.

Karpfen

Der Wildkarpfen, der in verschiedenen Formen bei uns vorkommt, liebt verhältnismäßig warme Seen und Teiche sowie langsam fließende Gewässer mit starkem Bewuchs der Ufer, mit viel Schilf und Bodengewächsen, wobei ein weicher, schlammiger Grund Voraussetzung ist. Bei einer mittleren Größe von 25–50 cm kann er aber auch 1 m lang und bis zu 15 kg schwer werden. Der verhältnismäßig hohe, dabei aber nicht gerade schlanke Körper besitzt einen unterschiedlich großen Kopf mit einem sehr engständigen Maul und außerdem eine sehr lange Rückenflosse (s. Tafel II, Bild 1).
Für diesen Fisch gibt es eine ganze Reihe von Spezialbezeichnungen, da sein Äußeres sehr unterschiedlich ist. Normalerweise ist er völlig von großen Schuppen bedeckt und führt daher den Namen „Schuppenkarpfen". Eine andere Form, ursprünglich aus Osteuropa stammend, weist sehr viel größere, dafür aber weniger Schuppen auf und wird mit „Spiegelkarpfen" bezeichnet. Eine ganze Reihe von Zwischenformen führt zum „Lederkarpfen", der nur wenige Schuppen am Rücken, hinter den Kiemen und in Schwanznähe aufweist oder gar ohne alle Schuppen sein kann. Ebenso wie die Beschuppung wechselt die Farbe dieses Fisches sehr stark zwischen Blaugrün bis Braungrün am Rücken und grünlichen bis goldgelben Seiten. Seine Nahrung besteht hauptsächlich aus Pflanzenteilen und Bodentieren.

In der Sportfischerei werden als Köder hauptsächlich Kartoffelstücke, aber auch Würmer angeboten, die auf dem Grund liegend angenommen werden. Da der Karpfen ein überaus vorsichtiger Fisch ist, sollte nur sehr dünne Angelschnur verwendet werden. Damit wird der Kampf mit diesem Fisch stets überaus interessant.

Karausche

In seiner äußeren Form ist dieser – auch als „Bauernkarpfen" bezeichnete – Fisch dem Karpfen sehr ähnlich, dabei jedoch stets geschuppt und in der Farbe zwischen olivgrün und bläulich mit gelblichem Bauch schillernd anzusehen. An der Wurzel des Schwanzes befindet sich ein dunkler Fleck. Ebenso wie der Karpfen bevorzugt er verhältnismäßig flache, warme Gewässer, auch mit schlammigem Grund. Seine Nahrung ähnelt ebenfalls der des Karpfens und besteht hauptsächlich aus pflanzlichen Stoffen und Kleintieren des Grundes (s. Tafel I, Bild 7).
In unseren Gewässern meist nur 10–20 cm lang, kann er aber auch eine Größe von 50 cm und ein Gewicht von etwa 4 kg erreichen.
Vor allem in kleineren, verschilften Teichen und in Kiesgruben läßt sich dieser Fisch an der Grundangel mit Kartoffeln, Würmern oder Larven leicht fangen.

Schleie

Mit kleinen Schuppen bedeckt, die unter einer schleimigen Haut liegen, ist dieser verhältnismäßig langgestreckte, dabei jedoch „fette" Fisch mit seiner kurzen, hohen Rückenflosse durch seine Farbgestaltung besonders schön. Rücken und Seiten sind olivgrün mit goldenem Schimmer, während der Bauch erheblich heller wirkt. Der Kopf mit seinem spaltigen Maul weist an jedem Winkel des Mauls 1 Bartel (Faden) auf. Bei einer mittleren Länge von 25 cm kann sie jedoch auch etwa 45 cm lang und ungefähr 2 kg schwer werden (s. Tafel II, Bild 6).
Der Lebensraum des Fisches befindet sich in Teichen, Seen und sehr ruhig fließenden Gewässern mit weichem Grund. Die Nahrung, die vom Boden oder in der Nähe des Grundes aufgenommen wird, besteht aus Pflanzenteilen und kleinen Bodentieren und unterscheidet sich praktisch kaum von der Nahrung des Karpfens.
Als Köder an der Grundangel verwendet man hauptsächlich Maden, Würmer, Flohkrebse und weichen Teig bzw. Kartoffeln.

Rutte

Der vorne walzenförmige, hinten jedoch seitlich zusammengedrückte, sehr langgestreckte Körper dieses Fisches ist bräunlich bis oliv gefärbt und weist unregelmäßige Marmorierungen auf. Die runde Schwanzflosse und je eine lange Flosse auf dem Rücken und am Bauch, der auf dem Rücken noch eine kleine runde Flosse vorangestellt ist, unterscheiden diesen Fisch ohne weiteres von jedem anderen. Hinzu kommt, daß das weite Maul an jedem Nasenloch je eine Bartel und in der Mitte des Unterkiefers noch eine weitere lange Bartel aufweist. Bei einer mittleren Länge von 35–55 cm kann die Rutte – auch Quappe, Aalrutte oder Treische genannt – mehrere Kilogramm schwer werden. Dieser Fisch lebt in fließenden Gewässern und Seen, aber auch im Brackwasser, und bevorzugt verhältnismäßig kaltes, sauberes Wasser. Als ausgesprochener Raubfisch, der jede Beute nimmt, ist sie jedoch nur nachts auf Nahrungssuche, während sie am Tag in Höhlen oder in einer Baumwurzel versteckt liegt. Sie kommt sogar in ausgesprochenen Forellenbächen vor und räubert hier die Brut.
Die beste Fangmethode ist die, an einem verhältnismäßig großen Haken ein Bündel von Tauwürmern bei Anbruch der Dunkelheit in einem Zwangspaß zwischen Wasserpflanzen auf den Grund zu legen. In warmen, gewittrigschwülen Nächten beißt die Rutte hervorragend.

Aal

Über den Aal ist sehr viel geschrieben worden, und nicht immer richtiges. Er lebt zwar fast in aller Welt, pflanzt sich jedoch – allem Anschein nach – nur im Sargassomeer fort. Das gilt für die Aale in deutschen Gewässern ebenso wie für die Aale in anderen Wassern. Zu diesem Zweck verlassen die geschlechtsreifen Fische ihre Einstände, um quer über den Atlantik in dieses große Tanggebiet vor der Ostküste Amerikas zu wandern. Nach dem Laichgeschäft gehen sie aller Wahrscheinlichkeit nach ein, während die Brut – anfänglich blattförmig, später als „Glasaale" – wieder über das Meer zurückzieht in die Küstengebiete, um dort die Flüsse aufwärts bis in die kleinsten Bäche zu steigen. Der Lebensraum des Aals liegt daher zwischen der Küste und der Forellenregion. Das wissen viele Sportfischer nicht, die sich dann wundern, daß ihre Forellenbrut dezimiert wird (s. Tafel II, Bild 7).
Als ausgesprochener Räuber nimmt der Aal jede Nahrung auf, hauptsächlich Fische, Muscheln, Schnecken und Kleinkrebse. Bei einer mittleren Länge der ausgewachsenen Aale bis zu 50 cm bei den Männchen und bis zu 150 cm bei den Weibchen, kann der Aal mehrere Kilogramm schwer werden. Er ist

schlangenähnlich geformt, mit durchgehenden, langen Flossen auf dem Rücken und am Bauch bis zum Schwanzende, wo sie hinter der Spitze des Schwanzes zusammenwachsen. Die Färbung des Fisches ist sehr dunkel und variiert zwischen Dunkelgrau und Dunkeloliv mit gelblichem oder weißlichem Bauch. Hieraus resultiert auch der Name „Gelbaal" oder „Blankaal", wobei die weißliche Farbe vor der Abwanderung ins Laichgebiet auftritt.
Der Aal lebt in fast allen Gewässern, die in irgendeinem Zusammenhang mit den Küstenflüssen stehen, vorausgesetzt, daß sie nicht zu kalt sind. In einer Höhe von über 1000 m ist er daher kaum zu finden. Bevorzugt werden vom Aal solche Wasser, die über einen schlammigen Grund verfügen und möglichst mit Wasserpflanzen bewachsen sind. Als reiner Raubfisch, der allerdings hauptsächlich bei Nacht jagt, nimmt der Aal alles, was er an lebenden oder toten Lebewesen bekommen kann.
In der Sportfischerei wird der Aal an der Grundangel zumeist mit Tauwürmern oder lebenden Köderfischen über Nacht gefangen. An gewitterschwülen Tagen geht er allerdings auch bei Helligkeit an die auf dem Grunde liegende Angel, wenn sie in Zwangsgassen zwischen Schilf oder Bodengewächsen ausgelegt wird.

Plötze

Einer der am meisten verbreiteten Weißfische ist die Plötze, auch Rotauge genannt. Bei einer Länge von knapp 15 bis 30 cm ist dieser hochrückige, flache Fisch mit seinem kleinen Maul stark geschuppt. Er besitzt eine verhältnismäßig große, bräunliche Rückenflosse. Gegenüber anderen Weißfischen ist er vor allem daran zu erkennen, daß sich um das Auge ein deutlicher roter Ring zieht. Die Plötze bewohnt langsam fließende Ströme und Bäche sowie Seen und Teiche mit verhältnismäßig warmem Wasser, ist aber auch bis in die Flachwasserregionen der Ostsee zu finden. In Schwärmen zusammenlebend, steht sie bei Tage ziemlich tief über dem Grund, während sie vor Einbruch der Dunkelheit bis in den Morgen hinein auch in flachen, bewachsenen Uferregionen ihre Nahrung aufnimmt. Diese Nahrung besteht hauptsächlich aus Pflanzenteilen, Flohkrebsen, Würmern und Larven sowie aus Insekten an der Wasseroberfläche (s. Tafel I, Bild 5).
In vielen Gewässern wird die Plötze – neben dem Barsch – als häufig vorkommender Fisch vom Sportfischer gefangen. Bei Tage mit der Grundangel auf dem Grund oder dicht darüber, bei Nacht auch in flachem Wasser mit der Grundangel dicht über dem Boden, ködert man diesen Fisch an einem verhältnismäßig kleinen Haken mit Würmern oder Maden, aber auch mit Teig und Erbsen an.

Rotfeder

Der Plötze sehr ähnlich, in Körperform und Schuppen allerdings noch mehr dem Karpfen gleichend, ist dieser 20–30 cm lange Fisch am Rücken dunkelgrün gefärbt, während die gelblichen Seiten zum Bauch hin silbrig wirken. Die Flossen der Rotfedern sind deutlich rot gefärbt. Der Lebensraum dieses Fisches umfaßt die gleichen Lebensgebiete, in denen auch die Plötze vorkommt. Das gleiche gilt für die Nahrung (s. Tafel I, Bild 6).
Für den Sportfischer ist dieser in großen Scharen vorkommende Fisch vor allem in den frühen Morgenstunden interessant, in denen er an die mit Kartoffeln, weichgekochten Erbsen und kleinen Würmern beköderte Angel auf Grund oder in Grundnähe gut geht, wobei man berücksichtigen muß, daß er ansonsten überaus scheu ist.

Angelmethoden

Wie sieht, hört und fühlt der Fisch?

„Da sieh mal, ein Fisch!“, hatten wir bereits an anderer Stelle den Ausruf genannt, der in vielen Fällen der Beginn des Interesses an der Sportfischerei überhaupt ist. Wobei man ganz natürlicherweise davon ausgeht, daß man als Mensch den Fisch sieht. Andererseits macht sich jedoch kaum ein Mensch Gedanken darüber, mit welchen Sinnen der Fisch seinerseits den Menschen bemerkt. Dabei, um es gleich vorwegzunehmen, macht fast jeder Fisch den Menschen viel früher aus als umgekehrt. Kein Wunder daher, daß Anfänger und ungeschickte Angler kaum Beute machen, weil sie nämlich die Fische schon bei der Annäherung ans Wasser oder spätestens beim Angeln selbst verscheucht haben.

Jede Fischart benutzt, allein schon um Nahrung zu finden, zumindest die Augen. Von Bedeutung ist, daß das Fischauge in seinem Bau dem der höheren Wirbeltiere entspricht. Es ist sowohl Farbsehen im hellen Licht wie auch Dämmerungssehen möglich. Darüber hinaus sehen die Fische noch ultraviolettes Licht. Der Sehbereich des Fisches ist in der untenstehenden Abbildung dargestellt.

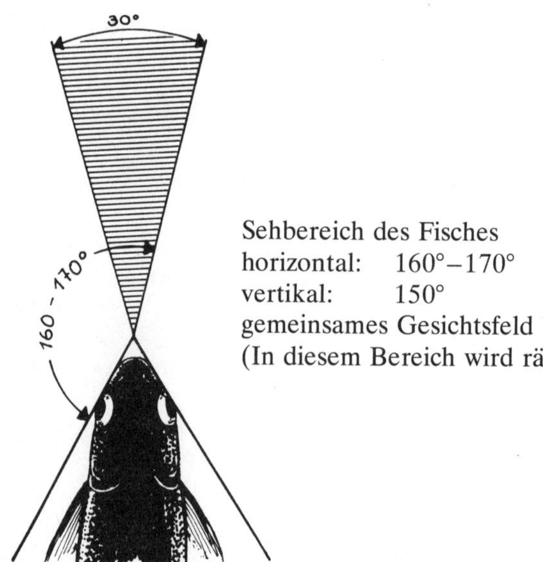

Sehbereich des Fisches
horizontal: 160°–170°
vertikal: 150°
gemeinsames Gesichtsfeld beider Augen 20°–40°.
(In diesem Bereich wird räumlich gesehen)

Bei vielen Fischarten spielt weiterhin der Erschütterungssinn eine große Rolle. Der Sitz dieses uns Menschen nicht recht vorstellbaren Sinnes befindet sich an den oft deutlich sichtbaren Seitenlinien längs des Körpers. Da das Wasser jede Art von Erschütterungen – und auch Geräusche, die in vielen Fällen als Schwingungen wahrgenommen werden – überaus gut leitet, nimmt der Fisch den herankommenden Angler oft schon wahr, ehe er überhaupt an das Ufer gelangt.

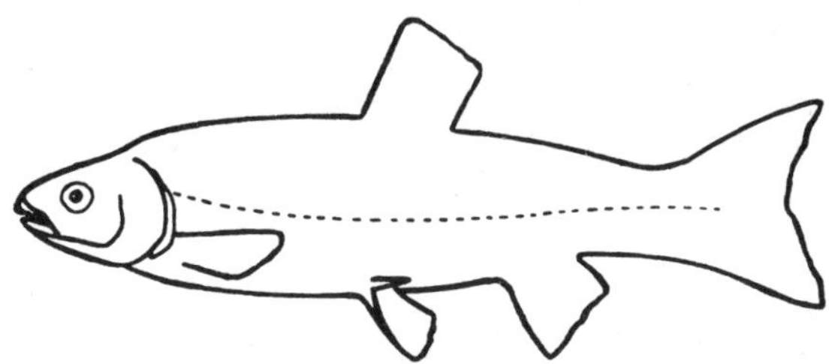

Andererseits ist dieser Erschütterungssinn bei einer Reihe von Fischen wiederum der Grund dafür, daß sie einen bewegten Angelköder überhaupt bzw. schneller wahrnehmen können als mit dem Auge. Das gilt vor allem für den Blinker und für sich bewegende Köderfische. Besonders bekannt für ihren Erschütterungssinn sind Forelle, Hecht, Aal und Quappe.

Vor allem beim Karpfen und den weiteren Angehörigen dieser Familie spielt auch der Geruchssinn eine große Rolle beim Auffinden der Nahrung. Hinzu kommt bei einigen Fischarten ein zusätzliches Schmecken mit den Lippen oder den Barteln, womit diese Fische ungeeignete Nahrung – und damit oft auch Köder mit ungeschickter Befestigung am Haken oder zu dicken Vorfächern – erkennen und sofort wieder ausstoßen.

Voraussetzung für jeden Sportangler, der überhaupt Beute machen will, ist daher, diese ausgeprägten Wahrnehmungs- und Warnmechanismen der Fische grundsätzlich in all seinen Handlungen einzukalkulieren. Das beginnt bereits mit der lautlosen, erschütterungsfreien Annäherung an das Ufer, setzt weiterhin voraus, daß der Angler sich an seinen Platz so verhält, daß die Fische ihn nicht sehen können, und verlangt, daß der Sportfischer sich während des Angelns möglichst wenig bewegt und lautlos verhält.

Das gilt vor allem auch für das Angeln vom Boot aus, da der Bootskörper wie ein Resonanzboden wirkt und jeden Schall – z. B. das Umfallen einer Blechbüchse – verstärkt in das Wasser weiterleitet. Soweit der Angler sich bei der von ihm angewandten Angelmethode stark bewegen muß, z. B. beim Spinnfischen, muß er sich eben so weit vom Fisch entfernt halten, daß dieser die Bewegungen und Geräusche nicht wahrnehmen kann.

Mit welchen Angelmethoden und welchen Angelgeräten man nun den Fisch zu überlisten versucht, sollen die nachfolgenden Abschnitte erklären. Allerdings müssen wir uns vorher noch mit den wichtigsten Begriffen bekanntmachen, um die Voraussetzung für das Verständnis der einzelnen Methoden zu geben.

Anhauen

Anhauen nennt man den leichten Ruck aus dem Handgelenk, mit dem über die Rute und die Schnur hinweg der vom Fisch ins Maul genommene beköderte Haken fest in das Fleisch eingetrieben wird. Hierbei muß man sich jedoch sehr davor hüten, zu stark anzuhauen, da man sonst den Haken wieder aus dem Fischmaul herauszieht oder aber ihn aus dem Fleisch herausreißt. Sofort anhauen muß man bei allen Weißfischarten – also bei Plötze, Rotauge usw. – sowie bei allen Forellen und den mit ihnen verwandten Arten, bei der Äsche, dem Ukelei und bei kleineren Döbeln.
Im Gegensatz hierzu muß man sich einige Zeit lassen bei Karpfen und Schleie, Barbe und Brachse, bei Aal, Flunder und Barsch. Längere Zeit bis zum Anhauen benötigen auch Hecht und Zander, wenn man mit lebenden Köderfischen angelt, die ja erst geschluckt werden müssen.
Bei allen künstlichen Ködern hingegen, also z. B. bei Blinkern, Wobblern usw. sowie bei toten Köderfischen am System – in all den Fällen also, bei denen der Köder gedrillt und damit künstlich bewegt wird –, muß man blitzschnell anhauen, da der Fisch anderenfalls den Köder wieder ausspuckt.

Drillen

Drillen nennt man die Methode, mit deren Hilfe ein größerer Fisch durch Einholen der Schnur über eine Rolle herangeholt wird. Der Drill dient auch dazu, große Fische erst einmal zu ermüden. Da kaum eine Angelschnur einen hart kämpfenden, starken Fisch ohne Bruch aushält, muß man sowohl die Biegsamkeit der Angelrute als auch die Rolle selbst zur Unterstützung ausnutzen. Hierzu hält man die Rute im rechten Winkel, also quer zum Fisch, so daß sie mit ihrer Biegsamkeit das Rucken des Kampfes und das Gewicht abfängt.
Die Rolle wiederum dient nicht nur dazu, Schnur einzuholen, sondern auch dazu, dem zu hart kämpfenden Fisch hin und wieder Schnur zu geben, um ihn nicht zu verlieren.

Landen

Landen kann man kleine Fische meist sofort, größere Fische erst nach dem Drill. Während man kleinere Fische bei entsprechend kräftigem Gerät ohne weiteres direkt aus dem Wasser zu heben vermag, ist das bei stark kämpfenden Fischen, die sich leicht vom Haken abschlagen, und bei zu schweren Fischen nicht ohne weiteres möglich. In diesen Fällen benutzt man zum Landen einen Kescher. Kapitale Fische, die nicht in einen normalen Kescher passen, landet man mit Hilfe eines Gaff; hierbei handelt es sich um einen scharfgeschliffenen und an einem Stab befestigten Stahlhaken, mit dem man den Fisch heraushebt.

Bei der Anwendung des Keschers ist es wichtig, daß dieser in das Wasser getaucht und dann der Fisch – Kopf voran – darüber geführt wird, ehe man ihn herausheben kann. Es ist falsch, mit dem Kescher von oben her nach dem Fisch zu fassen oder aber mit dem Landungsnetz wild „herumzuangeln“.

Die Angelarten

1. Grundangel mit Bodenblei

Die einfachste Art des Angelns ist die, den an einem Vorfach befestigten und beköderten Haken mit Hilfe einer langen Schnur (ohne Verwendung einer Angelrute) auf den Grund absinken zu lassen. Damit das schneller geht und der Köder auch wirklich am Boden liegenbleibt, benutzt man zur Beschwerung ein Bodenblei, das auf die Schnur gezogen oder an ihr angeklemmt wird. Um dieses Blei nun nicht über das Vorfach hinweg bis zum Haken rutschen zu lassen, klemmt man ein gespaltenes Schrotkorn oberhalb des Vorfaches an die Schnur. Das Gewicht des Bodenbleies richtet sich nach der Stärke der Strömung, womit sich auch seine meist flache Form ergibt.

Damit der beköderte Haken nicht zu dicht an das Bodenblei kommt und der Fisch den Köder anfangs ohne Behinderung durch das Gewicht des Bodenbleies aufnehmen kann, sollte das Vorfach eine Länge von etwa 30 cm besitzen.

Da man den Anbiß eines Fisches an der meist etwas durchhängenden Schnur erst dann erkennt, wenn er mit dem Köder im Maul davonzieht, empfiehlt es sich, die Schnur straff und stets in der Hand zu halten, um den Anbiß sofort feststellen zu können.

Ob man nun sofort oder später anhaut, hängt von der Fischart ab. Gerade starke Aitel (Döbel) und Barben nehmen den Köder anfangs nämlich sehr vorsichtig auf und lassen ihn sofort wieder fahren, wenn man zu früh anhaut. Vor allem bei diesen beiden Fischarten muß man daher warten, bis sie die Köder fest im Maul haben und, durch das Bodenblei behindert, kräftig anrucken, um erst jetzt anzuhauen. Auch dem Aal und den Plattfischen, wie z. B. der Flunder in Brackwassergebieten, die sich beim Anbiß ähnlich verhalten, muß man viel Zeit lassen.

Verwendet wird die Grundangel mit Bodenblei (ohne Angelrute) meist nur von Kaimauern und vom Boot aus. Sie stellt eine ausgesprochen primitive

Art des Angelns dar, die keinerlei sportlichen Reiz aufweist. Bei dieser Methode handelt es sich im Grunde um die schon vom Menschen der Steinzeit angewandte sog. Handleine.

2. Grundangel mit festliegender Pose (a)

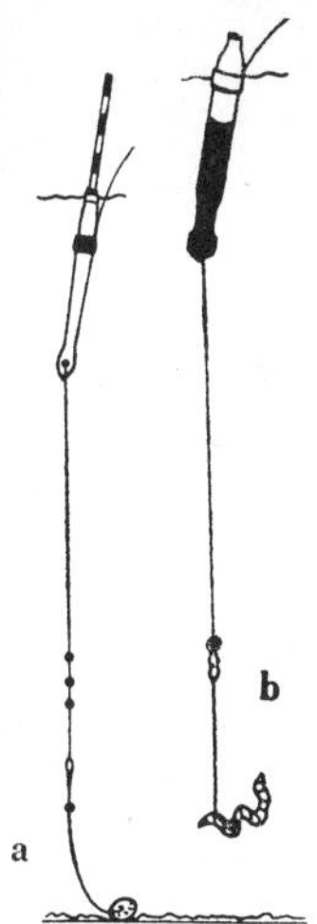

Die Grundangel mit festliegendem Schwimmer (Pose) benötigt man in all den Fällen, in denen man Wert darauf legt, den Köder an einer ganz bestimmten Stelle des Grundes festzulegen.
Hierzu zieht man eine größere, durchlochte Bleikugel auf das Vorfach, deren Spielraum man nach unten hin durch ein angeklemmtes Bleischrot beschränkt, so daß sie nicht näher als etwa 30 cm an den beköderten Haken heranrutschen kann. Das Vorfach sollte 80 bis 100 cm lang sein, ehe es an der Angelschnur befestigt wird.
Die Pose wird so an der Angelschnur befestigt, daß sie durch die auf dem Grund festliegende Bleikugel in möglichst senkrechter Schwimmstellung an der Wasseroberfläche gehalten wird. Nimmt nun der Fisch den Köder vom Boden auf, so zieht er das lange Vorfach durch das Loch der liegenbleibenden Bleikugel, womit die Pose zum Untertauchen gebracht wird und man dementsprechend anhauen kann.
Diese Art des Angelns eignet sich jedoch nur für stehende oder langsam fließende Gewässer und wird vor allem für Karpfen, Schleie und Döbel angewendet.

3. Grundangel mit Pose (b)
Die üblichste Angelmethode, vor allem auf Friedfische, ist die mit einem über dem Grunde schwebenden Köder, wobei der Anbiß durch Eintauchen des in entsprechender Höhe befestigten Schwimmers zu erkennen ist. Hierzu wird der Haken an einem Vorfach von 20–30 cm Länge mit der Schnur verbunden, an der sich – entsprechend der Größe des Schwimmers – eine Reihe von Bleischroten oder Wickelblei als Beschwerung befinden.
Während man bei kleinen Fischen, vor allem bei Weißfischen, eine sehr leichte Pose verwendet – z.B. einen Stachelschweinkiel –, benötigt man auf schwere Fische oder bei Verwendung von schweren Ködern unter Umständen sehr große Posen mit hohem Auftrieb. Für stark windiges Wetter verwendet man sogenannte Sturmposen, deren verhältnismäßig großer Schwimmkörper an der Schnur so mit Blei beschwert wird, daß nur noch eine dünne, auf der Pose angebrachte Antenne über das Wasser schaut, die dem Wind keine Angriffsfläche bietet.

4. Grundangel mit Gleitpose

In den bisher beschriebenen Fällen muß die Schnur einschließlich des Vorfaches genauso lang sein wie die Angelrute. Das bedeutet natürlich, daß man bei einer Wassertiefe von etwa 3,50 m mit einer 4 m langen Rute keinesfalls weiter als 4 m vom Ufer fischen kann.
In all den Fällen, in denen man entweder eine größere Wassertiefe vorfindet oder aber den Köder weiter entfernt vom Ufer dem Fisch anbieten will, benötigt man eine Rute mit Rolle und, wenn die Wassertiefe größer als die Rute lang ist, eine Gleitpose. Hierbei wird am Handgriff der Rute vor der Hand des Sportfischers die mit Schnur gefüllte Rolle befestigt und die Schnur durch eine Anzahl von Ringen über die Rutenspitze hinweggeführt. Bei ausreichender Beschwerung der Schnur – es müssen selbst bei dünnster Schnur und leichtgängiger Rolle mindestens 6–8 g Blei sein – kann man nun mit entsprechender Wurftechnik den Köder entsprechend weit hinauswerfen.
Sobald jedoch die Wassertiefe, in der man den Köder anbieten will, größer ist als die Rutenlänge, kann man keine normale Pose mehr verwenden, sondern benötigt eine Gleitpose. Hierbei handelt es sich um einen Schwimmer, der an seinem unteren Ende und weiterhin in etwa $^4/_5$ Höhe über je eine Öse verfügt, durch die die Schnur laufen kann. Diese Pose liegt daher beim Wurf auf dem obersten Blei auf und gleitet erst im Wasser an der durch die Beschwerung nach unten gezogenen Schnur aufwärts. Erst dort, wo man entsprechend der gewünschten Tiefe einen Stopper an der Schnur angebracht hat – der jedoch so klein sein muß, daß er einwandfrei selbst durch den kleinen Spitzenring läuft –, kommt diese Gleitpose zum Stehen.
Verwendet wird diese Methode nicht nur bei tieferen Gewässern oder zum Fischen auf Friedfische weiter vom Ufer entfernt, sondern vor allem beim Fischen auf Raubfische, z.B. den Hecht.

5. Paternosterangel

Eine völlig andere Art der Grundangelei, die zumeist mit der Wurfangel ohne Pose ausgeübt wird, ist die mit Hilfe des Paternosters. Hierbei befindet sich nicht der Haken am Ende der Schnur, sondern ein schweres, meist birnenförmiges Blei. Je nach der Beschaffenheit des Grundes wird etwa 80–100 cm über dem festliegenden Blei ein Vorfach befestigt, das man mit Hilfe eines angeklemmten Bleischrots festlegt. Die Länge des Vorfachs muß so bemessen sein, daß der beköderte Haken noch über dem Grund schwebt. Der Anbiß eines Fisches ist allerdings nur am Rucken der Rutenspitze zu erkennen.

Verwendet wird diese Methode hauptsächlich für Barsche und große Döbel sowie bei Wellen, die so hoch sind, daß sie eine Pose und damit auch den Köder ständig auf und ab tanzen lassen würden.
Eine andere Art der Paternosterangel, die zumeist mit dem Gleitfloß an der Wurfangel – aber auch bei entsprechenden Wassertiefen mit dem festliegenden Schwimmer – verwendet wird, ist die des einfachen oder gar mehrfachen seitlichen Paternosters.
Hierzu wird an einem Drahtarm, der waagrecht von der Angelschnur absteht, das Vorfach mit dem beköderten Haken befestigt. Bei größeren Wassertiefen ist, einen entsprechend schweren Schwimmer vorausgesetzt, sogar die Verwendung von mehreren Drahtpaternostern möglich, wodurch zu gleicher Zeit an einer Angel mehrere Köder in verschiedenen Wassertiefen angeboten werden können.
Verwendet wird diese Art des Drahtpaternosters mit Pose allerdings meist nur auf größere Fische, da die Pose entsprechend groß sein muß und damit auf kleine Fische kaum noch reagiert.

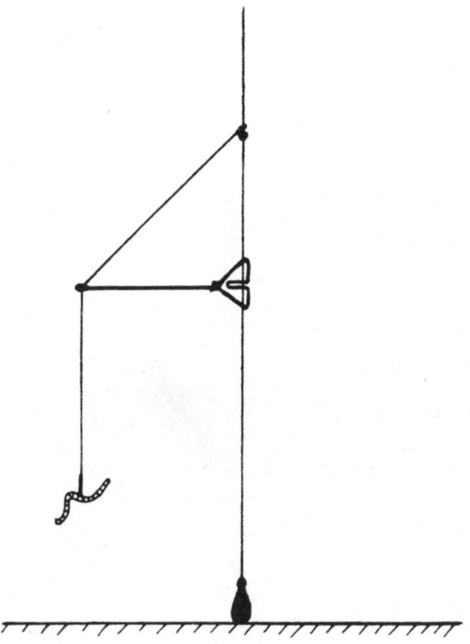

6. Senkangel

Mit Hilfe einer sehr stabilen, kurzen Angelrute mit einer Rolleneinrichtung und kräftiger Schnur wird diese Art des Fischens vor allem bei Raubfischen in größerer Tiefe angewendet. Sie kommt allerdings fast nur vom Boot oder aber von Brücken aus in Frage. Als Köder werden sehr schwere Spezialblinker verwendet, die man am Schnurende einschlauft. In den Gewässern, in denen mit Hechten zu rechnen ist, muß dem Blinker auf jeden Fall ein starkes Stahlvorfach vorgesetzt werden.

Die Angelmethode ist überaus einfach, denn man gibt soviel Schnur frei, bis der Köder auf dem Grund liegt, wobei die Rutenspitze fast das Wasser berühren soll. Mit dem ganzen Unterarm hebt man nun mit einem Ruck die Rutenspitze etwa 1 m über das Wasser, um sie dann langsam wieder auf die Wasserfläche zu senken. Hierbei wird der glänzende Metallköder hochgerissen, um anschließend langsam zu Boden zu taumeln. Der Anbiß eines Raubfisches, der diesen Reizköder faßt, ist gut zu fühlen. Wichtig ist jedoch, daß ein sofortiges Anhauen die Haken in das Maul des Fisches treibt, da er anderenfalls den Köder wieder fallen läßt. Angewendet wird diese Methode vor allem auf Barsche und Hechte in tiefen, aber ebensogut auch in flacheren Gewässern, wo sich Gassen in Krautbetten befinden, in die man anderenfalls keine Angel legen könnte bzw. wo sich ein gehakter Fisch im Kraut oder Schilf sofort befreien würde. Sehr beliebt ist diese Angelei vor allem im Winter durch Löcher im Eis.

7. Spinnfischerei

Spinnen bedeutet nichts anderes, als den weit hinaus geworfenen Köder in entsprechender Wassertiefe durch Einholen der Schnur zu bewegen. Je nachdem, ob der Spinnköder schnell gedrillt wird, oder aber einmal schnell und dann wieder langsam taumelt, stellt er für den Fisch einen fliehenden oder kranken kleinen Fisch dar.

Nur auf raubende Fische, die einen lebenden Köder nehmen, wie z. B. Forellen, Hechte, Barsche usw., findet diese Art des Angelns Anwendung. Benutzt werden hierzu verhältnismäßig steife Spinnruten in Längen von etwa 1,80–2,50 m mit Ringen und Rollensystem. Am Ende der Schnur, die bei ausreichend schweren Ködern keine zusätzliche Bleibeschwerung benötigt, wird der entsprechende Köder angeschlauft. Soweit Hechte und ähnliche Raubfische vorkommen, natürlich mit Hilfe eines Stahlvorfachs.

Hinzu kommt allerdings weiterhin, daß in jedem Fall zwischen der Schnur und dem Spinnköder bzw. bei Verwendung eines Stahlvorfachs an dessen beiden Seiten ein Wirbel angebracht wird. Der Zweck dieses Wirbels ist, dem sich drehenden Spinnköder volle Bewegungsfreiheit zu geben, ohne daß die Schnur zu einem unentwirrbaren Knäuel wird.

1
2
5
3
6
4
7

TAFEL II

1 Karpfen, 2 Blei, 3 Aitel (Döbel), 4 Barbe, 5 Flußbarsch, 6 Schleie, 7 Aal

Als Köder werden meist Spinner oder Blinker aus Metall, aber auch Weichplastikköder verwendet, deren drehende oder taumelnde Bewegungen flüchtende oder kranke Fische nachahmen sollen.
Neben einer ganzen Reihe von verschiedenartigsten Wobblern aus Holz, Kunststoff und anderen Materialien, die als Taumelköder denselben Zweck erfüllen sollen, gibt es eine Unzahl von verschiedenartigsten Spinnködern, die oft auf einzelne Fischarten abgestellt sind. Außerdem verwendet man auch kleinere tote Fische an einem System, die durch das Spinnen, also Drillen, bewegt werden.
Entsprechend der Fischart und Fischgröße müssen die Ruten, Rollen und Schnüre und natürlich auch die Spinnköder selbst verschieden sein.

8. Schleppangel

Im Prinzip ähnelt die Schleppangelei der Spinnfischerei, allerdings mit dem Unterschied, daß die Angel im Heck des Bootes festliegt und die Schnur nicht gezogen wird, sondern die Bewegung des Köders durch die Fahrt des Bootes entsteht.
Von einem nicht allzu schnell fahrenden Boot wird hierbei über eine sog. Schlepprolle mit starker Schnur ein Spinnköder angeboten. Voraussetzung hierfür ist allerdings, daß die Schnur etwa 1 m vor dem Köder durch ein großes Blei von entsprechendem Gewicht beschwert ist, da der Spinnköder anderenfalls durch den Zug des Bootes an die Oberfläche kommt.
Vor allem auf tiefen Seen angewendet, dient die Schleppangel zum Fang von Seeforellen, Welsen, Hechten, Barschen und anderen starken Raubfischen.

9. Fliegenfischerei

Die „hohe Kunst der Sportfischerei" ist die Fischerei mit der Fliege. Zumeist auf Forellen und Äschen, aber auch auf andere Fische angewandt, gehört allerdings nicht nur eine Spezialausrüstung dazu, sondern auch sehr viel Erfahrung und Übung. Zweck dieser Methode ist nämlich, mit Hilfe von feinstem Zeug dem Fisch einen Kunstköder so vorzuwerfen, daß er ihn für ein lebendes Tier ansieht.
Benutzt werden für diese Methode verhältnismäßig lange, sehr leichte und dünne Fliegenruten aus gesplieẞtem Tonkinrohr oder Kunststoffmaterial mit engen Ringen und einer Rolle hinter der Wurfhand, die jedoch nur zur Aufbewahrung der Schnur dient. Die Schnur selbst ist das Wurfgewicht und dient dazu, die Fliege selbst über größere Entfernung hin zu werfen.

Naßfliege nennt man die spezielle Art von künstlichen Fliegen – man kann aber auch echte Fliegen verwenden – die, mit einem verhältnismäßig kleinen Haken versehen, dem Fisch unter Wasser, also „naß", angeboten werden.

Voraussetzung hierfür ist, daß die Strömung die an einem langen, sehr dünnen Vorfach befestigte Fliege durch den Einstand des Fisches treibt, ohne daß er die Schnur bemerkt. Hierzu muß die Schnur also stets von Hand oder durch Anheben der Rute straff gehalten werden.
Man kann außer dieser einen Fliege am Ende des äußerst dünnen Vorfaches auch noch ein oder zwei sogenannte Springerfliegen weiter oberhalb an eigenen kurzen Vorfächern befestigen, um die Fangmöglichkeiten zu erhöhen. Unbedingt erforderlich ist auf jeden Fall, daß die angebotenen künstlichen Fliegen denen entsprechen, die zur Zeit des Angelns im Wasser treiben.

Trockenfliege bezeichnet man eine solche Fliege, die eben geschlüpft ist, und auf dem Wasser treibend, also „trocken“, vom Fisch genommen wird. Hierzu ist es allerdings erforderlich, den Wurf so weich auszuüben, daß die Fliege eben nur auf das Wasser tupft wie eine echte. Anderenfalls wird – vor allem von der Forelle – eine einfallende, zu hart aufsetzende Fliege nicht genommen.
Anwenden kann man diese Methode überall dort, wo man einen Fisch nach lebenden Fliegen „steigen“ sieht, also überall dort, wo er tatsächlich von unten her nach einer Fliege an der Oberfläche schnappt. Hierzu muß man sich natürlich sehr vorsichtig am Wasser bewegen, da der Fisch sonst den Sportfischer ausmacht und flüchtet. Aus diesem Grunde wird der Wurf mit der Trockenfliege zumeist stromauf durchgeführt, da sich der Fischer dann hinter dem mit dem Kopf in Stromrichtung stehenden Fisch befindet und von diesem nicht bemerkt wird.
Trockenfliegen können aber auch überall dort verwendet werden, wo z. B. Weißfische an die Oberfläche kommen oder im Schaum nach ertrunkenen Insekten suchen.
Zur Fliegenfischerei gehören auch alle jene Köder, die andere Insekten darstellen sollen, oder aber natürliche kleine Tiere, wie z. B. Maikäfer, Heuschrecken usw.
Da das Gerät für die Fliegenfischerei sehr leicht ist, ist auch der Drill eines Fisches überaus schwierig. Er kann mit der dünnen Rute und dem dünnen Vorfach in keinem Falle ohne Bruch des Materials aus dem Wasser gehoben, sondern muß mit einem Kescher unterfangen werden.
Die Fliegenfischerei ist selbst für routinierte Angler, auch wenn sie bereits erfahrene Spinnfischer sind, derart schwierig, daß sie jahrelange Übung erfordert, ehe man wirklich Erfolg hat. Sie ist daher für den Anfänger ungeeignet, ganz abgesehen davon, daß sie eine Spezialausrüstung erfordert.

10. Angeln mit der Wasserkugel

Ein Mittelding zwischen der Grundangelei und der Fliegenfischerei stellt das Angeln mit der Wasserkugel oder einer entsprechenden Pose dar. Mit Hilfe der aus durchsichtigem Kunststoff gefertigten Wasserkugel, die man durch einen Klemmverschluß je nach Wunsch mit Wasser füllen und damit beschweren kann, und die außerdem an jeder beliebigen Stelle der Schnur festzumachen ist, lassen sich die verschiedenartigsten Methoden durchführen. Die Wasserkugel kann ohne Wasserfüllung, also mit Luft im Innern, oder aber mit teilweiser Wasserfüllung als eine für Fische kaum sichtbare Pose für jede Art der Grundfischerei benutzt werden. Ihr Nachteil ist höchstens, daß sie auch vom Sportfischer kaum zu erkennen ist und den Anbiß verhältnismäßig schlecht zeigt.

Die Wasserkugel kann, wenn man zusätzliche, leicht laufende Schnurösen daran befestigt, ohne weiteres auch als Gleitpose mit hohem Gewicht angewendet werden, so daß man – vor allem bei sehr geringen Wassertiefen – auf eine Bleibeschwerung verzichten kann.

Ihre größte Berechtigung hat die Wasserkugel dort, wo man beim Fliegenfischen nicht genügend Platz zu dem erforderlichen, weitausholenden Wurf hat, also nur aus dem Handgelenk heraus „schwippen" kann. Sie hilft außerdem dem Anfänger im Fliegenfischen dadurch, daß er ein größeres Wurfgewicht an der Schnur hat, die sich dadurch natürlich leichter werfen läßt als nur mit der Fliege selbst. Außerdem ermöglicht die Wasserkugel das Fliegenfischen auch mit der Spinnrute und ganz normaler Schnur.

Zum Naßfischen hängt man die Wasserkugel etwa 1,20 m vor der am Ende des langen Vorfachs befestigten Naßfliege ein, so daß die Fliege in geringer Strömung ohne weiteres noch tief untertauchen kann. Besitzt man jedoch gar keine Möglichkeit, zum Wurf auszuholen, oder aber besteht eine starke Strömung, so befestigt man die Wasserkugel am Ende der Schnur, um dann etwa 1,50 m oberhalb die Naßfliege mit ihrem ca. 50 cm langen Vorfach einzuhängen.

Ebenfalls am Ende der Schnur wird die Wasserkugel zum Trockenfischen befestigt, wobei man auch etwa 1,50 m oberhalb die Trockenfliege an einem höchstens 15 cm langen Vorfach einschlauft, die nun von der voraustreiben-

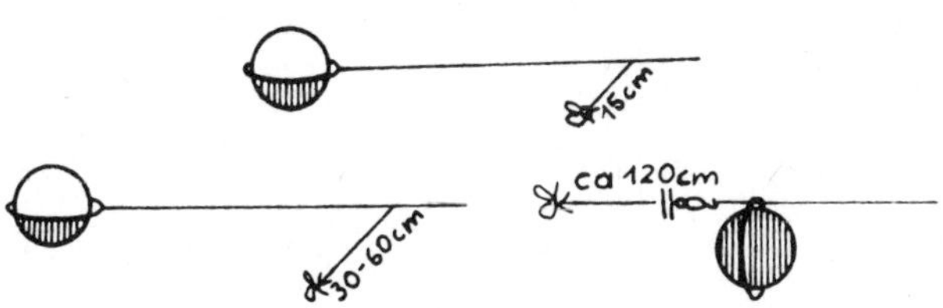

den Wasserkugel an der Wasseroberfläche in Stromgeschwindigkeit mitgeführt wird.
Besonderer Vorteil der Wasserkugel ist übrigens noch, daß man die Fliegenfischerei auch mit steiferen Spinnruten durchführen kann und hierzu nicht einmal eine andere Rolle oder andere Schnur benötigt, da ja das Gewicht der zumindest teilweise gefüllten Wasserkugel zum Wurf ausreicht.

11. Tippfischerei

Eine – nennen wir sie „primitive" – Art der Fliegenfischerei kann man auch mit jeder langen Rute ohne Rolle oder besonderer Ausrüstung durchführen. Hierzu wird an der normalen Angelschnur nur ein langes Vorfach mit der Fliege befestigt, die man jetzt einfach auf das Wasser tupfen läßt. Diese Art des Angelns ist natürlich nur dort möglich, wo die Rutenlänge mit senkrecht herabhängender Schnur ausreicht, also an Bächen, in Schilfgassen oder vom Boot aus.

Angelgeräte

Ruten

Vom einfachen Haselnußstock bis zur beinahe hauchdünnen Fliegenrute mit ihrer unvorstellbaren Präzision – und darüber hinaus natürlich bis zu schwersten Hochseeruten – wird in der Sportangelei so ziemlich alles an Ruten verwendet, was man überhaupt anwenden kann. Allerdings muß man sich darüber klar sein, daß jede spezielle Art des Angelns praktisch auch eine Spezialrute erfordert. Das hängt nicht nur mit der Länge der Rute oder dem Gewicht der Fische zusammen, sondern auch mit der Angelmethode.
Hinzu kommt, daß vor allem die Länge von Wurfruten davon abhängt, wo sie verwendet werden, oder welche Ködergewichte geworfen werden sollen. Es ist natürlich selbstverständlich, daß man z. B. für einen Hecht oder einen Karpfen eine sehr viel steifere Rute benötigt als z. B. für eine Plötze oder eine Bachforelle.

Bambusruten
Die einfachste Art der von Sportfischern verwendeten Angelruten sind die aus Bambus, noch besser jedoch die aus Pfefferrohr.
Für die einfache Grundfischerei vom Land oder vom Boot aus verwendet man einteilige Ruten dieser Art, die nur über eine Öse an der Spitze verfügen, in die man die Schnur einknüpft. Je dünner die Rutenspitze ist, desto weicher kann man den Anhieb setzen. Je größere Fische man dagegen erwartet, desto steifer muß auch die Rutenspitze sein.
Zum besseren Transport gibt es diese einfachen Ruten auch in Teile zerlegt, die mit Hilfe von Messinghülsen zusammengesteckt werden. Selbstverständlich können sowohl die einteiligen wie die mehrteiligen Ruten auch mit Laufringen und mit einem Rollenhalter versehen werden, um sie für die Wurfangelei verwendbar zu machen.
Empfehlenswert für diese einfachen Ruten ist, sie nicht zu lang zu wählen, sondern lieber Laufringe und Halter für die Aufnahme einer Rolle zu montieren, damit man nicht ständig ein zu großes Gewicht in der Hand halten muß, das auf die Dauer ermüdet und einen schnellen Anhieb verhindert. Hinzu kommt, daß man mit Hilfe der Rolle ohne weiteres auch einmal – bei entsprechender Beschwerung der Schnur – weiter „hinlangen" kann und vor allem auch genügend Schnurreserve zur Verfügung hat, wenn einmal ein besonders starker Fisch an den Haken geht, der einem alles zerreißt, wenn man ihm nicht Schnur geben kann.

Gespließte Ruten

Um die Mitte des vorigen Jahrhunderts kamen die ersten gespließten Ruten auf, mit deren Hilfe sich vor allem die Wurftechnik eigentlich erst richtig durchsetzte. Hierbei handelt es sich um Ruten, die aus mehreren, haargenau zusammenpassenden Tonkinrohrteilen verleimt werden und stets geteilt sind.

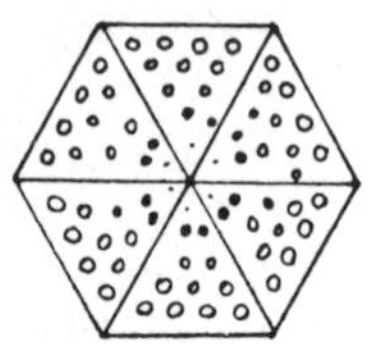

Gespließte Ruten sind heutzutage sehr teuer und werden praktisch nur von Liebhabern erworben.

Glasruten

Nach dem 2. Weltkrieg kamen aus Amerika Angelruten aus Glasfaser zu uns, die sich heute für alle Arten der Sportfischerei weitgehend durchgesetzt haben. Ihr besonderer Vorteil besteht nicht nur in der beinahe unvorstellbaren Biegsamkeit – so daß in der Praxis kaum ein Bruch vorkommt –, sondern auch darin, daß sie praktisch unempfindlich gegen Feuchtigkeit und damit gegen Verrottung sowie Beschädigung sind. Wenigstens soweit es sich um Vollglasruten handelt, während die Hohlglasruten infolge ihrer dünnwandigen Konstruktion bei ernsthaften Beschädigungen hin und wieder doch brechen können.

Vollglasruten bestehen aus einem Material, das im Prinzip ein langer Strang von fest aneinanderliegenden, durchgehenden Glasfasern in Stärke und Form der Rute ist und mit Kunststoffen getränkt wird. Hieraus ergibt sich ein überaus widerstandsfähiger Stab in Form einer sich zur Spitze hin verjüngenden Rute, der in allen gewünschten Durchmessern herzustellen ist. In entsprechende Teile von je etwa 1 m geschnitten und mit doppelten, am besten verchromten Messinghülsen versehen, sowie mit Griff, Rollenhalter und Schnurringen ausgestattet, zählen diese Ruten – vor allem für den Anfänger in der Wurfangelei – zum unverwüstlichsten und besten, was man sich vorstellen kann. Außerdem sind sie ausgesprochen preisgünstig.

Hohlglas als Material für Angelruten ist erheblich teurer und wird daher vor allem für Fliegenruten und für besonders stark beanspruchte Spinnruten verwendet. Der Vorteil dieser Ruten – die ebenfalls mit Handgriff, Rollenhalter und Schnurringen versehen und mit Steck- und Überschubverbindungen zusammensteckbar sind – liegt in ihrem besonders leichten Gewicht und einem guten „Schwippvermögen".

Kohlefaser ist ein Baumaterial, das seit einigen Jahren verwendet wird und gewissermaßen ein „Abfallprodukt" der Raumfahrt darstellt. Kohlefaserruten werden wie Hohlglasruten hergestellt, nur sind sie steifer, dünner und leider auch beträchtlich teurer. Kohlefaser wird auch mit Glasfaser, Borow und Kevlar gemischt.

Angelruten und ihre Verwendung

Grundangelei: Ruten von 3–6 m Länge, am besten von vornherein zerlegbar mit Rollenhaltern und Schnurlaufringen ausgestattet. Empfehlenswert sind die mit Hülsen ausgestatteten Ruten, die sich auf etwa 1–1,80 m Länge zusammenlegen lassen. Während für Weißfische nur dünne Spitzen erforderlich sind,

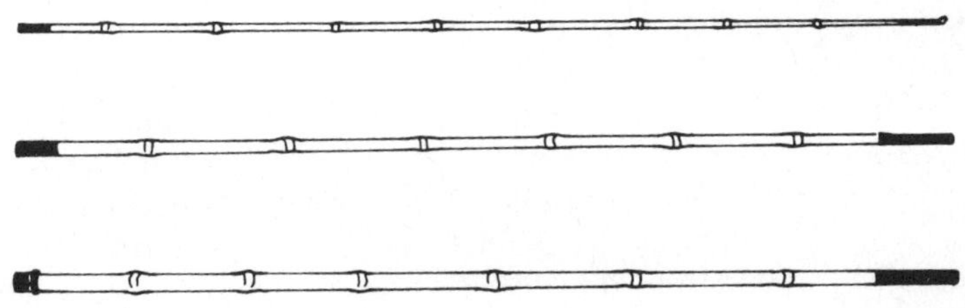

benötigt man für schwere Fische (wie z.B. Karpfen usw.) starke Spitzen. Im letzteren Falle wird geraten, das Spitzenteil in gespließter Ausführung zu verwenden, da es dann selbst bei hoher Beanspruchung weitgehend bruchfest ist. Spitzenteile aus Vollglas sind dagegen zu schwer und machen die Rute kopflastig. Spitzenteile aus Hohlglas wiederum – einzeln bezogen – sind meist zu teuer, so daß sie sich trotz ihres leichten Gewichts für eine einfachere Rute und deren Zweck nicht lohnen.

Fliegenfischerei: Die Länge von Fliegenruten beträgt zwischen 2,55 und 2,85 m, wobei erstere meist 2teilig und letztere 3teilig gebaut werden. Erfahrungsgemäß sind 2teilige Fliegenruten für den erfahrenen Fliegenfischer

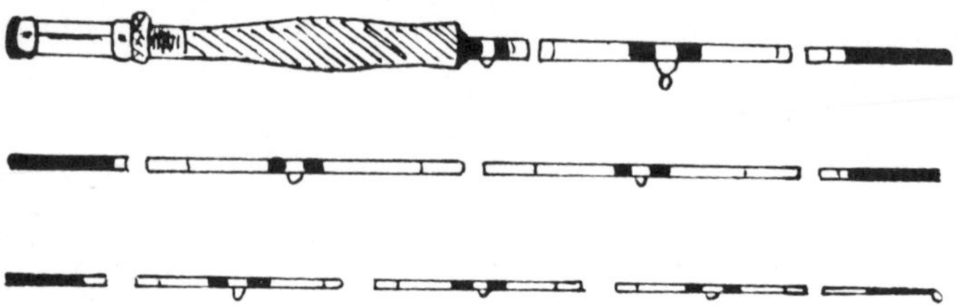

schwippiger und lassen somit die Fliege genauer plazieren. Für diese Art von Ruten werden heute neben dem gespließten Material weitgehend Hohlglas, Kohlefaser und verschiedene Gemische verwendet.
Vor billigen Fliegenruten sei von vornherein gewarnt: Der Anfänger lernt mit ihnen wegen meist mangelnder „Funktion", also falschem Schwung, nie den richtigen Wurf, und selbst der erfahrene Fliegenfischer kann mit ihnen in vielen Fällen nicht genau werfen.

Spinnfischerei: Hier beherrscht heute Hohlglas das Feld, nachdem eine gewisse Zeit das Vollglas die guten gespließten Spinnruten verdrängt hatte.

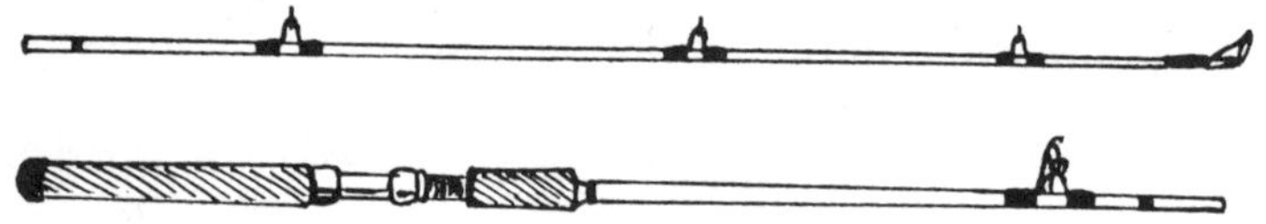

Darüber hinaus stehen dem anspruchsvollen Spinnfischer Ruten aus Kohlefaser zur Verfügung, die allerdings auch entsprechend teuer sind.

Die Länge der Rute beträgt in etwa für

Forellenbäche	1,80 m
Binnenseen	2,15 m
Flüsse	2,15 m
Küstenbrandung	3,60 m
Meeresfischerei	2,20 m
Großfische im Meer	1,80 m

Hierbei ist natürlich vorausgesetzt, daß sich die Stärke der Ruten, und damit vor allem der Spitzen, bei all den Angelruten, die für größere Fische – oder

gar auf hoher See – verwendet werden, sehr erheblich von denen der leichten Wurfruten für die Grundangelei oder für die Forellenfischerei in Bächen unterscheidet.
Der geschickte Bastler kann sich natürlich beliebig lange Ruten selbst in entsprechenden Längen aus Rohlingen herstellen, mit Hülsen, Ringen und Rollenhalter versehen und damit verhältnismäßig billig zu einer Grundrute kommen.

Rollen

Die Zahl der heute auf dem Markt befindlichen Rollen für die Sportfischerei ist sehr groß. Im Prinzip handelt es sich jedoch nur um 3 Typen, nämlich um:

- die ***einfache Nottinghamrolle***, die vor allem für die Wurfangelei verwendet wird und in ähnlicher Form auch als einfache Fliegenrolle in Gebrauch ist. Selbst die automatische Fliegenrolle, bei der die Schnur durch Auslösung eines Fingerhebels mit Hilfe eines Federwerks aufgespult wird, ist im Prinzip eine Nottinghamrolle;

- die ***Multirolle*** mit einem Übersetzungsgetriebe und teilweise mit einem Schnurführer, mit dessen Hilfe die eingespulte Schnur auf der Rolle gleichmäßig verlegt wird;

- die ***Stationärrolle***, heute wohl unbestritten mit Abstand die beliebteste Rolle, verfügt über einen Rollenkörper, der quer zur Längsachse der Rute steht und sich beim Auf- und Abspulen der Schnur nicht mehr bewegt. Bei dieser Rollenart wird die Schnur durch einen um die Mittelachse rotierenden Schnurfangbügel aufgespult und gleichzeitig auf dem Rollenkörper verlegt, während sie bei zurückgeklapptem Schnurbügel ungehindert ablaufen kann. Mit diesen Stationärrollen kann selbst der Anfänger nach spätestens 1 Stunde verhältnismäßig sicher werfen. Deshalb sei gerade ihm die Stationärrolle besonders empfohlen. Sie ist zwar etwas teurer als die anderen Typen, dafür aber leicht zu handhaben und einwandfrei sicher in ihren Funktionen.
Nur für den Fliegenfischer eignet sie sich nicht, da er eine spezielle Fliegenrolle benötigt, weil bei der Fliegenfischerei die Schnur nicht von der Rolle, sondern aus der Hand geworfen wird.

Nottinghamrolle: Ganz gleich, aus welchem Material diese Rollen bestehen oder wie groß ihr Durchmesser ist, besitzen sie einen sehr einfachen Mechanismus. Im Prinzip handelt es sich nämlich um nichts anderes als um einen am Rutengriff vor der Hand des Werfers befestigten Fuß mit einer Querachse,

auf die der Rollenkörper aufgeschoben ist. Da kein Übersetzungsgetriebe vorhanden, hängt die Schnuraufnahme (je Umdrehung der mit seitlichen Handgriffen ausgestatteten Rolle) nur von dem Durchmesser des Kerns ab.
Diese Achsenrollen sind in der Handhabung sehr schwierig und durch die Stationärrollen praktisch verdrängt worden.

Multirolle: Aus der Nottinghamrolle wurde im Laufe von vielen Jahren die sog. Multirolle entwickelt, die ein Übersetzungsgetriebe und teilweise sogar eine Schnurverlegung besitzt, die beim Einrollen die Schnur gleichmäßig auf der Rolle verlegt. Wenngleich man mit dieser Rollenart mit verhältnismäßig wenig Umdrehungen viel Schnur einspulen kann (nämlich bis zu 60 cm je Umdrehung), so ist sie doch heute – zumindest für die Sportfischerei in Binnengewässern – als ungeeignet anzusehen. Insbesondere, weil auch bei ihr sehr leicht die Bildung von Perücken in der Schnur vorkommen kann. Hinzu kommt, daß die Schnur von der sich ja stets mitdrehenden Rolle verhältnismäßig langsam abläuft. Es gibt zwar auch auf Nadellagern sehr leicht laufende, qualitativ hervorragende Multirollen, deren Preis ist jedoch dem von Stationärrollen in etwa gleich. Die aber sind weitaus besser, leichter und sicherer zu handhaben.

Stationärrolle: Dieses Rollensystem kam nach dem Kriege nach Deutschland und wird jetzt auch hier mit Vorrang vor allen anderen Systemen hergestellt und benutzt. Auffallendstes Merkmal dieser Rolle ist, daß sie mit einer quer zur Wurfrichtung befestigten, feststehenden Schnurspule ausgestattet ist. Man kann sich diese Rolle in etwa als eine vollgefüllte Garnrolle vorstellen, von der man über die eine scheibenförmige Begrenzung den Faden fast ohne Widerstand herunterzieht. Das Problem des Aufwickelns übernimmt ein durch die Bewegung der Kurbel stets um den Mittelpunkt der Rolle herumlaufender Schnurfangbügel, der bis zu 60 cm Schnur je Kurbelumdrehung auf die feststehende Schnurspule spult. Um diese Schnur nun gleichmäßig auf die Schnurspule zu verteilen, bewegt sich diese ununterbrochen langsam von vorne nach hinten und dann wieder nach vorne, so daß die Schnur sauber nebeneinander und übereinander verlegt wird. Um einen reibungslosen Ablauf der Schnur von der Rolle zu gewährleisten, muß sie bis dicht unter ihren Rand gefüllt sein. Perückenwürfe und ähnliche Pannen scheiden bei dieser Rolle aus.
Bei den meisten Rollensystemen wird vor dem Wurf der Schnurfangbügel umgeklappt, wobei man die Schnur mit der Fingerspitze festhält. In dem Augenblick, in dem man nun während der Wurfbewegung die Fingerspitze zurückzieht, kann die Schnur frei von der Rolle ablaufen. Der hierfür aufzuwendende Widerstand ist so gering, daß ein geübter Werfer mit leichten

Schnüren selbst bei leichten Ködergewichten ohne weiteres 50 m weit werfen kann. Beinahe noch größer ist allerdings der Vorteil, der sich daraus ergibt, daß man bei einiger Übung den Köder selbst auf 10–20 m Entfernung hin in dicht bewachsenen Bächen oder Seen fast auf den Zentimeter genau zu plazieren vermag.
Neuere Formen dieser Stationärrollen haben überlappende Schnurspulen oder sind gekapselt und verfügen über einen Auslöseknopf für den Daumen, bei dessen Betätigung die Schnur während der Wurfbewegung freigegeben wird, ohne daß noch ein Schnurfangbügel vorhanden ist oder aber der Zeigefinger zu Hilfe genommen werden muß. Andere Modelle sind so ausgestattet, daß dieser Auslöseknopf sich am Handteil der Rute befindet, wobei die Rolle allerdings mit der Rute fest verbunden und vom Griff nicht mehr abzunehmen ist.
Gerade der Anfänger in der Sportfischerei – den Fliegenfischer ausgenommen – sollte sich von vornherein eine Stationärrolle beschaffen. Sie ist zwar etwas teurer als die einfache Nottinghamrolle, gibt jedoch von vornherein Sicherheit beim Werfen und beim Drillen und vermeidet all die unnötige Arbeit durch verknotete Schnüre.

Fliegenrolle: Diese Rolle ähnelt in einfacher Form einer Nottinghamrolle, besteht jedoch meist aus Leichtmetall. Eine Spezialform spult auf Fingerdruck die Schnur automatisch auf. Allerdings wird die Fliegenschnur nicht von dieser Rolle geworfen. Vielmehr dient sie nur zur Aufbewahrung der Schnur, während man die für den jeweiligen Wurf benötigte Schnurlänge in „Klängen“, also in losen Ringen in der linken Hand hält und sie von hier aus beim Wurf zugibt.

Schnüre

Als Grundmaterial für Angelschnüre werden heute in der Regel nur noch Kunstfasern verwendet. Diese Kunststoff-Angelschnüre haben nicht nur den Vorteil, daß sie im Vergleich zu Schnüren aus anderen Materialien (z. B. aus Hanf, Baumwolle usw.) erheblich dünner und auch leichter sind, sondern vor allem, daß sie nicht mehr der Gefahr des Verrottens durch aufgesaugtes Wasser ausgesetzt sind und daher nicht nach jedem Gebrauch getrocknet werden müssen. Hinzu kommt noch, daß Kunststoff-Angelschnüre eine sehr erhebliche Dehnbarkeit besitzen, so daß sie sich vor allem beim Kampf mit einem schweren Fisch als sehr widerstandsfähig erweisen. Zwei verschiedene Herstellungsmethoden werden für Angelschnüre aus Kunstfasern angewandt; sie werden im folgenden kurz beschrieben:

Geklöppelte Angelschnur: Die einzelnen Fäden dieser Schnurart bestehen aus miteinander versponnenen, feinsten synthetischen Fasern, die später miteinander verklöppelt werden. Durch eine Behandlung mit Silikon können solche Schnüre schwimmfähig gemacht werden. Die Farben dieser Schnüre werden von vornherein dem Material beigegeben, so daß sie unverwüstlich sind.
Für die Grundangelei werden geklöppelte Angelschnüre zumeist in den Stärken von 0,40 mm mit einer Tragkraft von 3 kg bis zu einem Durchmesser von 1 mm mit einer Tragkraft von 12 kg verwendet.
Fliegenschnüre werden ebenfalls in den meisten Fällen geklöppelt hergestellt und durch Silikon bzw. späteres Einfetten schwimmfähig gemacht. Es gibt jedoch auch Fliegenschnüre, die durch Einschluß von Luftblasen in das mit Kunststoff beschichtete Schnurmaterial schwimmfähig gemacht sind. Einfachere Fliegenschnüre sind zylindrisch hergestellt, besitzen also einen über die ganze Länge der Schnur hinweg gleichen Durchmesser. Besonders gute (und teure) Schnüre für Trockenfliegen werden in Keulenform oder aber als beiderseitig spitz zulaufende Schnüre (Doppelkeulenform) hergestellt. Der Zweck dieser Konstruktion ist, der Schnur zum Wurf mehr Eigengewicht zu verleihen.

Einfädige Angelschnur: Am besten kann man diese Schnurart als einen Draht aus Kunststoff bezeichnen. Sie ist ebenfalls völlig verrottfest und überaus dehnbar. Ein weiterer Vorteil dieser einfädigen Kunststoffschnur liegt vor allem darin, daß sie bereits bei geringsten Durchmessern eine erstaunliche Tragkraft besitzt und noch dazu im Wasser fast unsichtbar ist. Vor allem für die Spinnfischerei – aber auch für die Grundangelei und als Vorfächer – wird heute kaum noch ein anderes Material verwendet; nicht zuletzt auch, weil es überragende Qualität und noch dazu sehr billig ist.
Einfädige Angelschnüre mit einem Durchmesser von 0,10 mm besitzen bereits eine Tragkraft von 0,5 kg, während derartige Schnüre mit 0,50 mm Durchmesser etwa 10,5 kg und Schnüre mit 1 mm Durchmesser sogar 36 kg zu tragen vermögen. Zu erhalten sind derartige Schnüre bis zu einem Durchmesser von 4 mm (für die Hochseefischerei) und außerdem in verschiedenen Farben und in Längen bis zu mehreren hundert Metern.
Die große Schwierigkeit bei einfädigen Schnüren aus Kunststoff besteht allein im Anbringen von Knoten, da durch ihre Glätte die bisher bekannten Knoten „wegrutschen“. Es sollten daher die auf Seite 55 beschriebenen und dargestellten Knoten gebunden werden.

Vorfächer

An das Ende der Angelschnur wird stets ein Vorfach angeknotet. Das ist besonders in den Fällen unumgänglich, in denen sehr starke Angelschnüre und vor allem geklöppelte Schnüre verwendet werden oder aber mit Raubfischen in der Art des Hechtes zu rechnen ist. Da das Vorfach stets schwächer sein soll als die Schnur, ergibt sich hieraus der Vorteil, daß bei einem eventuellen Bruch – sei er nun durch einen kapitalen Fisch oder aber durch das Hängenbleiben des Hakens an einem Unterwasserhindernis hervorgerufen – nicht die Schnur selbst beschädigt wird, sondern nur der schwächste Teil, also das Vorfach.

Für die *Friedfischangelei* werden an den entsprechenden Haken etwa 20–30 cm lange Vorfächer angeknotet, die an ihrem oberen Ende eine Schlaufe zur Befestigung an der Angelschnur besitzen. Man erhält heutzutage beinahe alle Haken mit bereits montierten Vorfächern in entsprechenden Stärken.

Für die *Fliegenfischerei* benutzt man als Vorfach etwa 1,20–1,50 m lange einfädige Schnüre mit einem Durchmesser von meist nur 0,10–0,12 mm. Diese langen Vorfächer sollen es ermöglichen, die Fliege wirklich weich auf das Wasser auftupfen zu lassen, ohne daß der Fisch erkennen kann, daß die Fliege an irgendetwas befestigt ist. Geübte Fliegenfischer verwenden sogar solche Vorfächer, die – ähnlich den Keulen-Fliegen-Schnüren – zur Fliege hin immer dünner zulaufen.

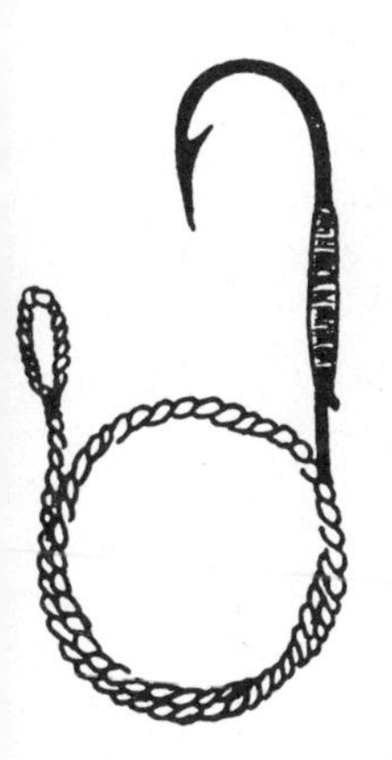

Für die Sportfischerei auf Raubfische, insbesondere den Hecht, verwendet man Stahlvorfächer mit einer Länge von etwa 20–40 cm. Die eindrähtigen Stahlvorfächer sind zwar sehr dünn, haben jedoch den Nachteil, daß sie beim geringsten Knick leicht brechen. Gliederkettchen aus Neusilber oder Messing verheddern sich leicht. Das meist übliche gedrehte Vorfach aus normalem Stahl neigt zum Knicken und damit zu unkontrollierbaren Verletzungen, an denen es bei starker Belastung bricht.

Das empfehlenswerteste Stahlvorfach ist ein solches aus Nirosta-Stahlseide, dem man beinahe alles zumuten kann. Vorfachstahlseide ist übrigens in den verschiedensten Durchmessern als Meterware erhältlich, so daß man sich – noch dazu billige – Stahlvorfächer in beliebiger Länge selbst herzustellen vermag.

Haken

Ob groß oder klein, ob dick oder dünn ... in der Praxis werden eigentlich nur drei verschiedene Formen von Haken verwendet. Diese allerdings, je nach der Anwendungsart, mit Einschlaufen oder mit Platten. Vor allem in kleineren Größen dürfte zumeist der „Limerick" mit seinem vom Boden her schräg angesetzten Schenkel verwendet werden. Größere Hakentypen, und vor allem die meisten kombinierten Haken, werden im allgemeinen mit gleichmäßig rundem Bogen hergestellt, so wie der bekannte „Italian". Vor allem im Ausland wird viel der „Sneckbent" mit seinen fast eckigen Bogen angewendet. Haken mit spiralförmiger Spitze ohne Widerhaken werden dort benutzt, wo man den Fisch beim Herauslösen des Hakens keinesfalls beschädigen darf.

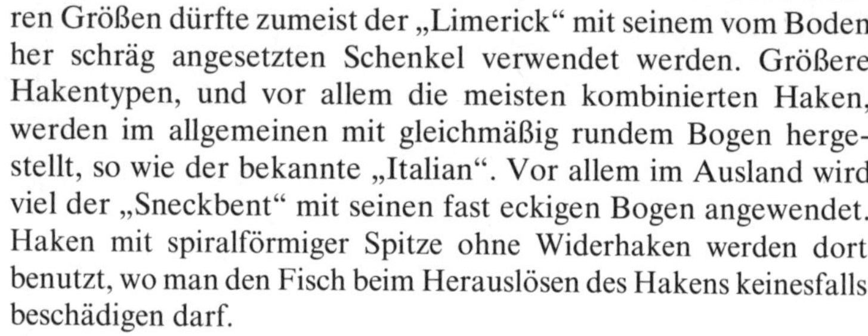

Einfachhaken mit Platte sind überall dort angebracht, wo man ein Kunststoffvorfach befestigen kann und wo es darauf ankommt, daß ein verhältnismäßig kleiner Köder den Haken verdeckt. Haken mit Ösen dienen dazu, das Vorfach nach Durchzug zu verknoten oder aber mit Hilfe eines Einhängers zu befestigen. Sie werden daher hauptsächlich dort verwendet, wo man Stahlvorfächer benötigt. In der Berufsfischerei allerdings, und hierbei vor allem auf Aale, benutzt man ebenfalls Haken mit Ösen.

An mehrteiligen Haken haben wir in erster Linie die *Doppelhaken*, die zumeist aus einem Stück Material zusammengebogen sind. Solche Doppelhaken finden in kleinsten Größen auch in der Fliegenfischerei Verwendung, während sie mit größeren Abmessungen vor allem für die Angelei auf Raubfische benutzt werden. Hierbei ist besonders auf den flammenförmig geschwungenen Blitz-Doppelhaken, einen Schluckhaken für Raubfische, hinzuweisen. Weiterhin gibt es Doppelhaken, an deren Rückseite sich eine Sicherheitsnadel befindet, mit deren Hilfe man größere Insekten, aber auch Mäuse, Fische usw. als Köder für Raubfische befestigen kann.

Vor allem zum Angeln auf Raubfische werden die *Drillinge* mit Ring verwendet. Diese Drillinge gibt es bereits in sehr kleinen Größen, z. B. für Forellen, und auch in solch kleinen Abmessungen, die man z. B. für Karpfen benutzt, wo es darum geht, den Haken völlig in dem als Köder verwendeten Kartoffelstück zu verstecken.

Für Hechte verwendet man Drillinge mit großen Abmessungen aus starkem Material.

Alle Arten von Haken, ganz gleich ob Einzel-, Doppel- oder Drillingshaken, werden in entsprechenden Größen auch mit festangelöteten Stahlvorfächern geliefert.

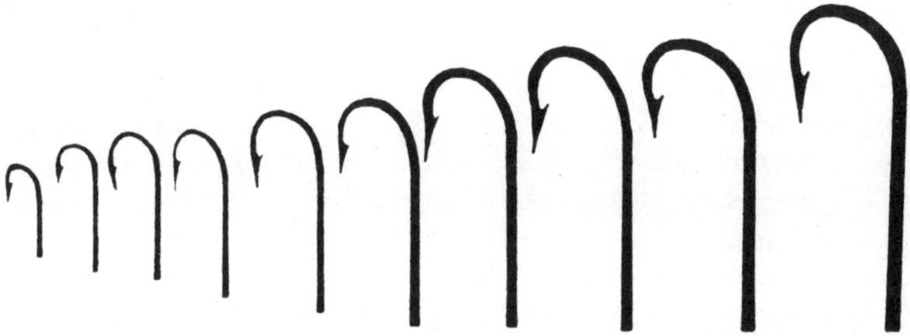

Hakengrößen (1:1)

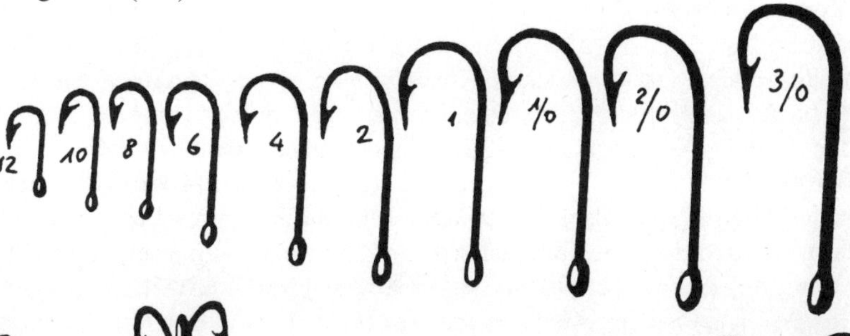

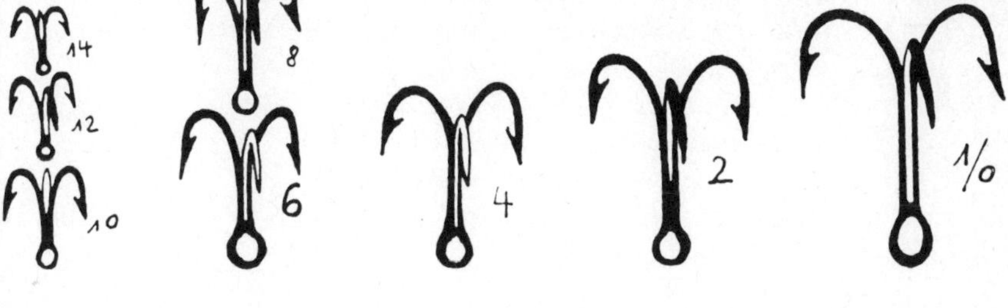

Fliegen

Grundsätzlich unterscheidet man *Naßfliegen* und *Trockenfliegen*. Es gibt Hunderte von verschiedenen künstlichen Fliegen, die je nach Jahreszeit, Tageszeit und Witterung verwendet und fast alle in Farbe und ungefährer Form sowohl als Naßfliegen als auch als Trockenfliegen hergestellt werden (s. Tafel III). Zu unterscheiden, was nun eine Naßfliege oder eine Trockenfliege ist, fällt manchmal selbst einem erfahrenen Fliegenfischer schwer. Den Unterschied merkt er spätestens dann, wenn die Trockenfliege nicht schwimmen will und sich somit als Naßfliege entpuppt oder andererseits auf die als Naßfliege verwendete Trockenfliege kein Fisch beißt.
Wenn man schon von prinzipiellen Unterschieden zwischen den beiden Fliegenarten spricht, so kann man eigentlich nur sagen: Die Trockenfliege hat mehr und größere Hechel – also feinste, abstehende „Flusen", oft auch noch einen langen, tragenden Schwanz oder große Flügel –, während die Naßfliege mit wenig Hecheln gewissermaßen kompakter und damit schwerer gebaut ist, da sie ja nicht auf der Oberfläche zu schwimmen braucht. Im Zweifelsfalle sollte man jede als Trockenfliege verwendete künstliche Fliege vor dem Wurf mit Schwimmpräparat benetzen, denn dann schwimmt selbst eine Naßfliege auf der Wasseroberfläche.
Zu den Fliegen – im Sinne der Sportfischerei – gehören auch künstliche Heuschrecken, Maikäfer und andere Insekten usw. sowie, vor allem für die Naßfliegenfischerei, Nymphen; also die aus dem Wasser auftauchenden „Puppen" von Insekten, die erst an der Wasseroberfläche schlüpfen. Auch eine Reihe von winzigen künstlichen Flohkrebsen und ähnlichen Tieren werden noch zu den Fliegen gerechnet, soweit sie mit der Fliegenrute geworfen werden. Lachsfliegen sind übrigens schmetterlingsgroße Gebilde mit oft phantastischen Farben.
Selbstverständlich werden nicht nur die genannten künstlichen Fliegen, sondern für beide Arten der Fliegenfischerei – also sowohl für Naß- als auch für die Trockenfischerei auch echte Insekten verwendet. Hierbei handelt es sich allerdings meist weniger um Fliegen als vielmehr um Heuschrecken, Maikäfer usw., die in vielen Fällen an kleinen Doppelhaken mit Sicherheitsnadeln befestigt werden.

1
2
4
5
6
7
8
9
10
11

TAFEL III

1 Nymphe, 2 Naßfliege (geflügelt), 4 u. 5 Trockenfliege (geflügelt), 6 Hechel-Trockenfliege, 7 Seeforellenfliege, 8 Lachsfliege, 9 Streamer, 10 Spezial-Streamer, 11 Midget-Bucktail

Blinker

Unter der Bezeichnung „Blinker“ werden in der Sportfischerei alle Arten von künstlichen Ködern zusammengefaßt, die durch den Drill – also das Aufspulen der Schnur auf die Rolle – auf den Angler zu bewegt werden und dabei Eigenbewegungen ausführen. Ihre Fangwirkung beruht darauf, daß der Raubfisch eine sich bewegende Beute sieht, hört oder aber – an seiner Seitenlinie – fühlt und somit den Köder faßt.

Man kann natürlich, vor allem in schnellströmenden Forellengewässern, einen Blinker auch verhältnismäßig schnell gegen den Strom führen. In diesem Fall wird ein Anbiß allerdings nur erfolgen, wenn der Blinker nicht zu groß ist und sich in dem Gewässerteil, und noch dazu in der Wassertiefe befindet, in der ein lebender Fisch vor einem Gegner stromauf flüchten würde.

Die bessere Methode in der Führung eines Blinkers – und das gilt vor allem für stehende oder sehr langsam strömende Gewässer – ist die, den Blinker als einen kranken, taumelnden Fisch erscheinen zu lassen, der somit eine leichte Beute darstellt. Hierzu neigt man nach dem Auftreffen des Blinkers auf das Wasser am besten die Rute bis auf die Wasseroberfläche, um sie dann langsam bis zur Senkrechten anzuheben. Bei dieser Bewegung wird der künstliche Fisch herangedrillt. Nun senkt man unter gleichzeitigem Einrollen der Schnur die Rutenspitze schnell wieder auf die Wasseroberfläche zurück, ohne hierbei die Fühlung mit dem Blinker zu verlieren.

Während dieser drei oder fünf oder auch zehn Sekunden erlahmender Schnurspannung taumelt der künstliche Fisch durch sein Eigengewicht abwärts und macht dabei den Eindruck, als ob er kaum noch schwimmen könne. Das nächste Anheben der Rute bewegt ihn dann wieder einige Meter vorwärts. Dieses ganze System gleicht völlig dem Verhalten eines kranken Fisches, der sich zwischendurch immer wieder ausruhen muß, und wirkt vor allem auf Raubfische in stehenden oder langsam fließenden Gewässern beinahe unwiderstehlich.

Wichtig ist jedoch in jedem Fall, daß man sofort anhaut, wenn man einen Widerstand oder ein Rucken an Schnur oder Rutenspitze bemerkt, um dem Raubfisch die an dem Blinker befindlichen Haken in das Maul zu treiben.

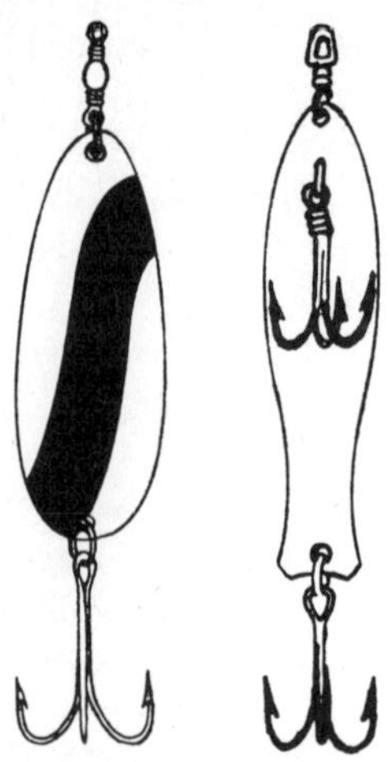

Eigentliche Blinker: Als eigentliche Blinker bezeichnen wir alle die Reizköder, meist aus Metallen hergestellt, die sich auf Grund ihrer Konstruktion taumelnd oder schwebend, und dabei nur selten um ihre eigene Achse drehend, bewegen. Sie sind in allen Fällen an ihrem Kopf mit einem Drilling versehen.

Die meisten Blinker besitzen eine verhältnismäßig breite Form mit einseitiger Bauchung, wodurch sie mit der Kehlung nach oben, durch den Zug im Wasser, schwimmend zu taumeln vermögen.

Bereits an dieser Stelle sei darauf hingewiesen, daß zwar die Größe eines Blinkers dem zu fangenden Fisch entsprechen muß – eine Forelle wird kaum auf einen großen Hechtblinker und ein Hecht kaum auf einen kleinen Forellenblinker gehen –, es aber andererseits noch viel wichtiger ist, einen Blinker mit der richtigen Farbe zu verwenden.

In einem glasklaren Bachwasser wird kaum einmal eine Forelle auf einen chrompolierten Blinker beißen, da er viel zu auffällig ist. Hier muß man sehr matte, oft auch farbige oder gar schwarze Blinker verwenden.

In verhältnismäßig durchsichtigem Wasser, das weder glasklar noch völlig trübe ist, empfiehlt sich ein Blinker aus mattglänzendem Kupfer. Er ist einerseits vom Fisch gerade noch zu sehen, ohne andererseits die Lichteffekte zu übertreiben.

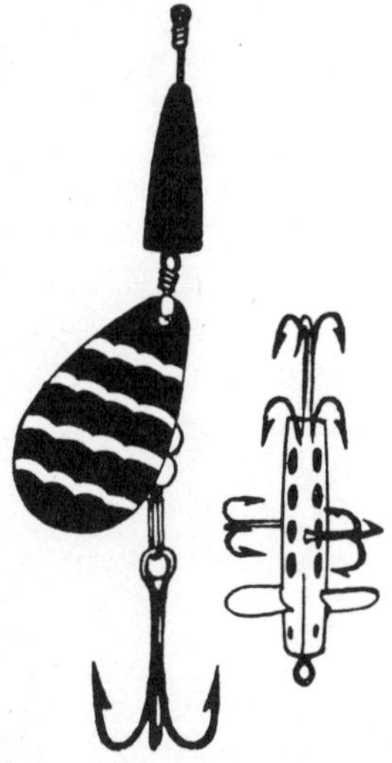

In sehr trüben Gewässern wiederum muß man natürlich einen stark blitzenden, meist verchromten Blinker verwenden, damit er vom Fisch ausgemacht werden kann.

Wenn wir davon ausgehen, daß der Raubfisch – und nur für Raubfische werden ja Blinker verwendet – mit Hilfe eines Gehörs, des Gefühls (an der Seitenlinie) und des Gesichts – und zwar bei herannahenden Blinkern in dieser Reihenfolge – den Köder bemerkt, so muß man natürlich als Sportfischer diese Dinge auch berücksichtigen, wenn man Erfolg haben will.

Spinner: Im Gegensatz zu den taumelnden Blinkern vollführen die Spinner ununterbrochen Drehungen um sich selbst, wenn sie durch das Aufspulen der Schnur auf den Sportfischer zu bewegt

werden. Es gibt allerdings auch eine Reihe von Spinnern, deren Körper als solche feststehen, während an ihrem Kopf propellerähnliche Flügel um eine Achse laufen, die die gleiche Drehwirkung darstellen. Zu letzteren gehören vor allem die Devon-Spinner, das Terriblesystem und die Spinner mit umlaufenden Löffeln.
Für Größen, Farben und Taumeln dieser Spinner gilt im Prinzip das gleiche wie für Blinker.

Wobbler: Im Gegensatz zu Blinkern und Spinnern, die größtenteils Phantasiegebilde mit für den Fisch hörbarer, fühlbarer und sichtbarer Wirkung sind – also reine Reizkörper –, stellen die Wobbler in den meisten Fällen einen durch den Drill geschleppten Fisch dar.
Ob nun das Material eines Wobblers aus Holz, Kunststoff oder Gummi besteht, ob er die Form eines kleinen Hechtes, eines Weißfisches oder einer Forelle besitzt, vielleicht sogar die Gestalt einer Maus oder eines Frosches, ob er einteilig oder mehrteilig ist, spielt für den Gesamteindruck dieses, einem natürlichen Fisch nachgeahmten Köders, keine Rolle.
Auch nicht die unterschiedliche Bestückung mit Haken.
Viel wichtiger ist, daß die Wobbler auf Grund ihrer Konstruktion von vornherein beim Zug der Schnur taumeln. Ein weiteres wichtiges Merkmal aller Wobbler ist, daß sie am Kopf über eine schräg nach unten-vorne gerichtete Platte verfügen. Zieht man einen solchen Wobbler durch Einholen der Schnur an, so bewirkt der Widerstand des Wassers gegen die abstehende Platte, daß er sich leicht abwärts bewegt. Sobald der Zug aufhört, steigt der Wobbler etwas taumelnd in Richtung auf die Wasseroberfläche hoch.
Wenn man also auch bei Wobblern wieder die Methode der von der Wasseroberfläche angehobenen Angelrute mit anschließendem Senken und gleichzeitigem Einholen der Schnur anwendet, so stellt ein solcher Wobbler einen sehr echt wirkenden kranken Fisch dar. Erfahrungsmäßig empfiehlt sich die Anwendung von Wobblern allerdings nur in klaren bis mäßig trüben Gewässern, da sie in der Hauptsache auf das Gesicht des Raubfisches wirken, dagegen jedoch nur wenig auf das Gefühl (Seitenlinie) und kaum auf das Gehör bei größeren Entfernungen.

Andere Köder: Ursprünglich in Amerika und auch in England angewandt, finden auch eine ganze Reihe von anderen künstlichen Ködern Verwendung, die jedoch fast durchweg natürlichen Ködern nachgebildet sind.

So kann man z. B. Regen- und Tauwürmer in verschiedenen Größen und Farben mit einem oder mehreren Haken erhalten. Allerdings sind sie – wie alle an der Wurfangel verwendeten Köder dieser und ähnlicher Art – nur für fließende Gewässer zu empfehlen, in denen sie sich durch die Strömung ständig etwas bewegen und der Fisch von vornherein verhältnismäßig fest zupackt, da er diese aus weichem Gummi hergestellten, täuschend ähnlichen Gebilde sonst doch sehr schnell erkennen und wieder von sich geben würde.

Solche Regen- und Tauwürmer gibt es für die Spinnfischerei auch mit einem vor dem Kopf befestigten kleinen Propeller, der sich beim Drill schnell rotierend bewegt und somit einen starken Reiz ausübt.

Verwendet werden auch kleine Aale, Frösche, Garnelen, Wattwürmer, Mäuse, Maikäfer und Heuschrecken sowie eine ganze Anzahl anderer, als Köder in Frage kommenden Tiere in künstlicher Form, meist aus Weichgummi oder Kunststoff bestehend und mit einem oder mehreren Haken bestückt.

Ein sehr interessanter künstlicher Köder, der vor allem in ruhigem Wasser zum Senken auf Raubfische besonders geeignet ist, wird in Norwegen verwendet. Hierbei handelt es sich um einen durch ein Vorblei beschwerten Haken, an dem ein oder mehrere übereinanderliegende Ringe mit „Fransen“ aus einem gummiähnlichen, sehr weichen Material befestigt sind. Läßt man diesen Köder durch sein eigenes Gewicht absinken, so flattern diese langen Fransen ganz aufreizend für den Fisch, während sie sich beim Heben dicht an den Haken legen. Selbst in nicht zu stark strömenden Bächen ist das ein ausgezeichneter Reizköder für Raubfische.

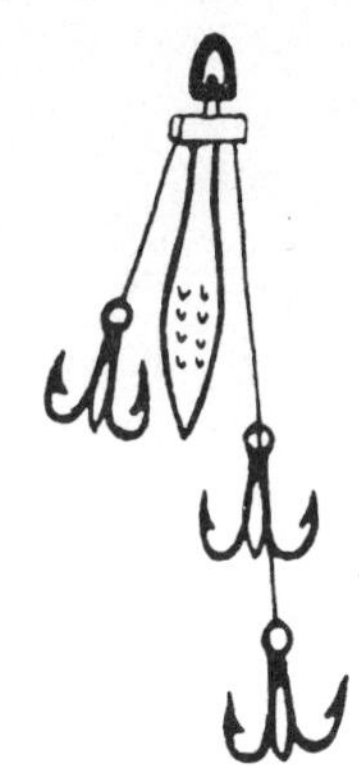

Systeme: Es gibt eine ganze Reihe von sogenannten „Systemen“, mit denen man tote Fische versieht, um sie als Spinnköder an der Wurfrute zu verwenden. Da der tote Fisch meist steif und gerade gestreckt ist, führt man durch sein Maul einen Metallkörper ein, der sich im Fisch so biegen läßt, daß der tote Fisch eine gebogene Form (ähnlich einem Blinker) erhält. Damit läßt sich dieser Fisch wie ein Wobbler führen.
Nicht aufgeführt sind an dieser Stelle die natürlichen Köder, vom Regenwurm über Brotteig bis zum lebenden Fisch, die der erfahrene Sportfischer im allgemeinen lieber anwendet als einen künstlichen Köder.
Wieviel und welche Arten von Haken in dem Fisch oder an seinen Seiten bzw. Bauch befestigt werden, spielt keine Rolle.
Für denjenigen, der nicht die Möglichkeit hat, Köderfische zu fangen, gibt es übrigens auch natürliche tote Fische aller Größen, in Gläsern und Dosen eingemacht, zu kaufen, die speziell als Spinnköder zu verwenden sind.
Um die Reizwirkung zu erhöhen, kann man den künstlichen oder natürlichen Ködern – vom toten Köderfisch über den künstlichen Wurm bis zur Fliege hin – noch rotierende, blinkende Löffel aller Größen vorsetzen, die sich vor allem in stehenden Gewässern, also besonders in Seen, dadurch bewähren, daß sie bereits auf größere Entfernung infolge ihrer Rotation auf das Gehör und auch auf das Gefühl (Seitenlinie) des Fisches wirken.

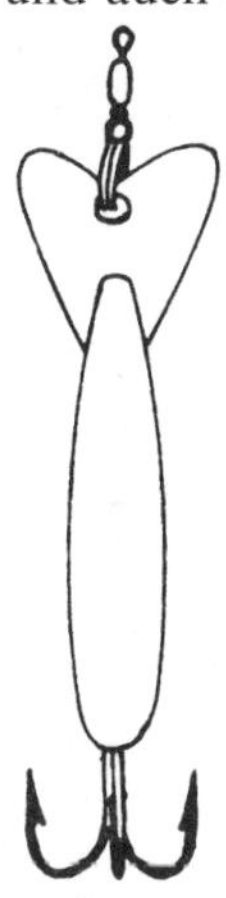

Eine eigene Familie von Blinkern sind die verschiedenen Arten der *Senker,* auch Pilker, Zocker und Tunkfisch genannt. Hierbei handelt es sich um sehr schwere, am Unterrand mit Haken versehene Metallköder, die beim Absinken infolge ihrer etwas breitgedrückten Form im Zickzack taumeln. In den meisten Fällen sind diese Senker mit Drillingshaken ausgestattet.
Verwendet werden sie zum Fang von Raubfischen, indem man sie bis auf den Grund fallen läßt, dann etwa 1 m hochreißt und – während man ständig Fühlung mit der gestrafften Schnur über die Rutenspitze behalten muß – langsam wieder auf den Grund absinken läßt, wobei sie im Zickzack abwärts taumeln. Hierfür kann man auch eigenschwere, normale Blinker verwenden.

Wirbel und Einhänger

Vor allem bei der Spinnfischerei – aber auch überall dort, wo bei der Grundangelei mit stark kämpfenden Fischen zu rechnen ist – sollte man stets einen Wirbel verwenden. Hierbei kommt es gar nicht so sehr darauf an, nach welchen Konstruktionsmerkmalen dieser Wirbel hergestellt ist, als vielmehr darauf, daß er sich selbst bei starker Belastung wirklich einwandfrei dreht und auch keine Kanten besitzt, an denen Schnur oder Vorfach sich durchscheuern können.

Die meisten Blinker sind von vornherein schon mit einem Wirbel ausgestattet, so daß sich in diesen Fällen direkt hinter dem Blinker ein zusätzlicher Wirbel erübrigt. In all den Fällen jedoch, in denen man ein Stahlvorfach verwendet, sollte man zwischen das Vorfach und die Schnur noch einen weiteren Wirbel einschlaufen.

Überall dort, wo es erforderlich wird (z. B. den Blinker) oft zu wechseln, empfehlen sich Wirbel mit einer Einhängevorrichtung. Bei Verwendung derartiger Einhängewirbel erspart man sich das zeitraubende Knoten bei jedem Wechsel und verringert dadurch gleichzeitig eventuell auftretende Fehlerquellen, die oft zum Bruch der Schnur führen.

Knoten

In der Sportfischerei benötigt man täglich Knoten, um Schnüre miteinander zu verbinden, Vorfächer oder Wirbel anzuschlaufen, Haken zu binden oder Fliegen am Vorfach zu befestigen. Wenn trotzdem in der Sportfischerei nur verhältnismäßig wenige Arten von Knoten im Gebrauch sind, so nicht, weil die Anfertigung von Knoten zu schwierig ist, sondern vielmehr, weil sich nur ganz bestimmte Arten von Knoten bewährt haben. Das gilt vor allem bei der Verwendung von Schnüren aus Kunstfasern mit der bekannten Eigenglätte.

Wichtig bei jedem Knoten ist, daß er nach Fertigstellung durch starken Zug von Hand auf seine Haltbarkeit geprüft wird. Nichts ist ärgerlicher, als wenn ein starker Fisch – schon beinahe gelandet – mit einem letzten plötzlichen Ruck einen schlecht gebundenen Knoten aufzieht, so daß die Beute verlorengeht. Ebenso ärgerlich ist es jedoch, wenn gerade am Knoten eine schadhafte Stelle im Material der Schnur vorhanden ist, so daß er später bei leichtester Belastung bricht.

Vor allem dort, wo Kunststoffschnüre an Metall geknotet werden – also bei Wirbeln, Stahlvorfächern oder Blinkern –, sollte man die Schnur auf jeden

Fall zweimal durch die Öse ziehen, um den auf ihr lastenden Zug zu verringern und damit gleichzeitig die Gefahr des Scheuerns weitgehend auszuschalten.
Welche Knoten sich besonders bewährt haben und wie man sie knüpft, läßt sich aus den Skizzen ersehen.

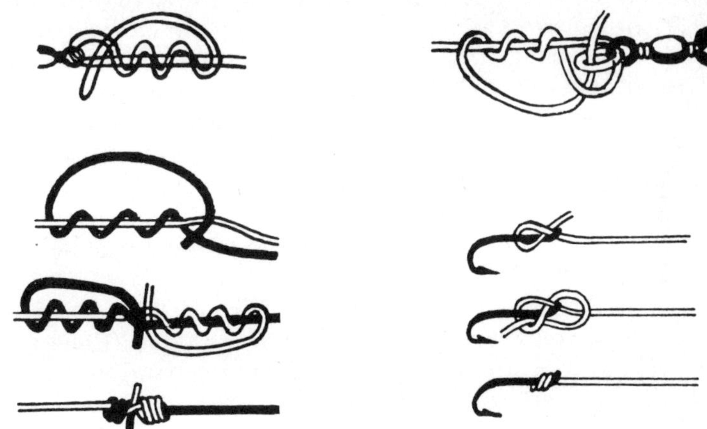

Bleie

Nicht nur die Schnüre von Grundangeln müssen beschwert werden, damit sie schnell untersinken und die Pose sich gleichzeitig senkrecht stellt, sondern auch eine ganze Reihe von leichten Blinkern und ähnlichen Spinnködern benötigen eine zusätzliche Beschwerung durch Blei, wenn sie nicht nur an der Wasseroberfläche „paddeln" sollen.

Für sehr leichte Angeln (wie z. B. auf kleine Weißfische) benutzt man in den meisten Fällen zur Beschwerung der Schnur einige gespaltene *Bleischrote,* die man mit Hilfe einer Zange leicht an die Schnur anklemmt. Hierbei muß man allerdings darauf achten, daß die Schnur nicht durch den Druck zerquetscht oder aber durch eine ungeschickte Handhabung der Zange selbst verletzt wird, da sie sonst an dieser Stelle bricht. Bleischrote dienen außerdem dazu, beweglich auf der Schnur befestigte Vorfächer, Posen oder ähnliches Zubehör davon abzuhalten, bis zum Haken herunterzurutschen. Man verwendet sie weiterhin in all den Fällen, in denen schwere Bleie nicht ganz ausreichen, d. h. also um das Gewicht – mit ein oder mehreren Schroten – nur um ein weniges zu vergrößern.

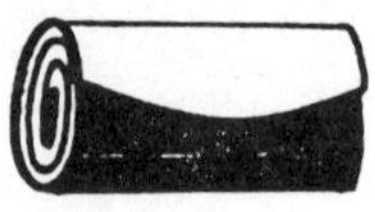

In all den Fällen, in denen man an der Grundangel mit runden Ködern fischt (also z. B. mit Teigkugeln, gekochten Erbsen oder dergleichen), erhält man bei der Verwendung von Angelschrot zur Beschwerung sehr oft Fehlbisse, da die Fische das Schrot irrtümlich für einen Köder ansehen. Bei der Verwendung solcher kugelförmiger Köder empfiehlt es sich daher, anstelle des Bleischrots das dünn ausgewalzte *Wickelblei* in gewichtsentsprechenden Längen zu verwenden.
Ist von vornherein eine verhältnismäßig große Beschwerung der Schnur erforderlich (wie z. B. bei Posen mit großem Auftrieb), kann man durchlöcherte *Bleikugeln* in verschiedenen Größen und Gewichten auf die Schnur ziehen, ehe man das Vorfach anknotet.

Den gleichen Zweck erfüllen *Bleioliven,* die über ihre Bohrung ebenfalls auf die Schnur gezogen werden.

Das sogenannte *Grundblei,* das ebenfalls mit Hilfe einer Bohrung auf die Schnur gezogen wird, hat die Aufgabe, das Vorfach mit dem Köder am Grund festzuhalten. Damit sie hierbei nicht rutschen oder rollen können (und damit bei ungleichmäßigem Grund ständig die Lage der Angel verändern), werden sie sechseckig und verhältnismäßig flach angefertigt.
Für die Schleppfischerei verwendet man birnenförmiges Schleppblei mit zwei eingegossenen Anschlaufringen, die je nach der gewünschten Schlepptiefe zwischen 80 und 1000 g wiegen.

In all den Fällen, in denen leichte Blinker bei der Spinnfischerei verhältnismäßig tief geführt werden sollen, muß ein *Vorsatzblei* verwendet werden. Je nach Art und Größe des Blinkers hat dieses Blei im allgemeinen entweder die Form eines Geschosses oder aber eine Form, die in etwa dem Kiel einer Segeljacht ähnelt, wobei die größte Masse sehr tief unten angeordnet ist. Diese letzteren Vorsatzbleie sind exzentrisch geformt oder aber weisen zumindest exzentrisch angebrachte Ringe auf, um sich im Wasser nicht zugleich mit dem Blinker oder Spinner zu drehen. Die Vorsatzbleie sind daher allein schon ein Mittel, um bei der Spinnfischerei den durch die Drehung des Blinkers entstehenden Drall der Schnur zu verhindern.

Posen

Schwimmer oder Floße (auch Posen genannt) gibt es so viele, daß sie sich unmöglich alle aufführen lassen. Wenn auch jeder Sportfischer für bestimmte Zwecke auf ganz bestimmte Posen schwört, so dürfte das doch gerade für den Anfänger viel zu verwirrend sein. Aus diesem Grunde sollen an dieser Stelle nur die wichtigsten Art beschrieben werden.
Je leichter der Fisch ist, den man am Haken erwartet – oder aber je zaghafter sich der Anbiß selbst eines schweren Fisches auf die Schnur überträgt –, desto leichter muß natürlich auch die Pose sein. Vorausgesetzt, daß es sich um ruhiges Wasser handelt und eine leichte Pose nicht in den Wellen verschwinden wird. Im letzteren Fall hilft man sich am besten von vornherein mit einer sogenannten „Sturmpose“, die man derart mit Blei belastet, daß nur noch die Antenne herausschaut. Eine tief im Wasser liegende Sturmpose – selbst mit größerem Auftrieb – zeigt fast stets Anbisse selbst kleiner Fische. Sie empfiehlt sich daher auch in all den Fällen, in denen man eine gewisse Bleibeschwerung haben muß, um eine Wurfangel weit genug plazieren zu können.
Die leichtesten und empfindlichsten Posen werden auch heute noch aus Stachelschweinborsten oder Federkielen angefertigt. Während die Stachelschweinpose durch ihre dunkle Färbung dem Fisch kaum auffällt, empfiehlt es sich jedoch, Federposen mit grünlicher, wasserunlöslicher Farbe anzustreichen.

Die bewährten Schwimmergrundtypen sind in der Tafel IV (nach S. 64) wie folgt abgebildet:
1 Stachelschweinpose
2–4 Kielförmige Posen
5 Spezialschwimmer
6 Schwimmer für größere Beschwerung
7 Hechtschwimmer (Gleitpose)

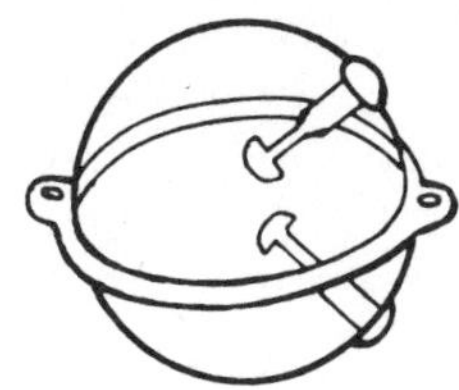

Der Vollständigkeit halber sei noch die *Wasserkugel* erwähnt, die aus durchsichtigem oder eingefärbtem Plastik besteht und großes „Auftriebsvermögen“ hat. Durch einen abnehmbaren Druckverschluß kann man diese Wasserkugel beliebig mit Wasser füllen und damit unterschiedlich beschweren. Vor allem in stark strömenden Gewässern (in denen man durch den Uferbewuchs nicht die Möglichkeit für einen ausholenden Wurf findet) eignet sie sich sehr gut sowohl als Pose und zugleich Eigenbeschwerung der Schnur als auch als „Treiber“.

Man braucht nämlich nichts anderes zu tun, als mit der Rute die auf entsprechende Eintauchtiefe des Köders an der Schnur festgemachte Wasserkugel vor sich in die Strömung zu werfen. Wenn man nun laufend genügend Schnur von der Rolle gibt, kann der Köder selbst unter dichtesten Büschen ungehindert stromab treiben. Sofern man hierbei die Wasserkugel als Pose nicht mehr sehen kann, muß man jedoch ständig Fühlung mit der Schnur behalten, um den Anbiß zu merken.

Köder

Die künstlichen Köder – seien es nun Blinker oder Fliegen – haben wir bereits im Zusammenhang mit den verschiedenen Angelmethoden besprochen. Bleibt uns also nur noch die Vielzahl der natürlichen Köder, die an dieser Stelle ausführlich behandelt werden sollen.
Kein Fisch ist einseitig in seiner Nahrungsaufnahme, nicht einmal der Raubfisch. So wie z. B. die Forelle von kleinen Fischen über Fliegen bis zu Würmern, Fröschen und Flohkrebsen alles nimmt, so besteht auch die Nahrung anderer Fischarten, wie z. B. die der Weißfische, nicht nur aus Pflanzen, sondern auch aus Würmern, Brotteig, gekochten Körnern, Fliegen und vielerlei anderen Dingen. Allein aus diesem Grunde ist es schon wichtig, nicht nur den hauptsächlichen Köder für die einzelnen Fischarten zu wissen, sondern auch alle anderen möglichen Köder, um gegebenenfalls „ausweichen“ zu können. Allerdings hat es meist nicht viel Zweck, irgendeinen Köder irgendwo ins Wasser zu hängen. Der richtige Platz muß es schon sein, auch die richtige Wassertiefe und natürlich die richtige Köderart, die der betreffende Fisch zu dieser Zeit gerade annimmt. Mit wirklich guten Fängen kann man überdies nur dort rechnen, wo man den Fisch angelockt oder gar ständig an eine oder mehrere Futterstellen gewöhnt hat. Das gilt nicht nur für Karpfen und Schleie, die man ohne anzuködern praktisch nur schwer an den Haken bekommt, sondern auch für alle Arten von Weißfischen, für Barsche, Barben und Eitel. Selbst Forellen kann man durch Anfüttern an bestimmte Stellen gewöhnen.

Anfüttern: Eine laufende Gewöhnung der Fische an bestimmte Fangplätze kann der Angler nur dort vornehmen, wo er die Möglichkeit hat, diese Stellen täglich zu beschicken. Es reicht jedoch in den meisten Fällen bereits aus, wenn man am Nachmittag vor dem vorgesehenen Fangtag Grundköder einwirft. Daß dieses Lockfutter auf die einzelnen Fischarten abgestellt sein muß und möglichst in der gleichen Größe eingeworfen werden muß, wie man es am nächsten Tag als Köder am Haken benutzt, ist selbstverständlich.
Als Grundköder verwendet man gequetschte, gekochte Kartoffeln, gekochte Erbsen, weichgedünstetes Getreide oder Hanfsamen, Kleie, Malz und Biertreber, kleingehackte Fleischabfälle und geronnenes Blut, Fischmehl und zerquetschten Fischrogen von gefangenen Fischen. Auch Brotteig, den man mit grobem Gerstenmehl oder aber mit Kleie zusammenknetet, hat sich sehr bewährt. Je langsamer der zu einer Kugel geformte Grundköder auf dem Grund im Wasser zerfällt, desto beständiger lockt er die Fische an. Sehr empfehlenswert ist es daher, in diese etwa faustgroßen Köderkugeln auch noch

kleine Regenwürmer oder Stücke von Tauwürmern bzw. kleine Fleischstückchen einzukneten, die bei dem Zerfall der Köderkugel freiwerden und ein zusätzliches Lockmittel darstellen.
Überall dort, wo eine Strömung diese Köderkugeln fortführen könnte, knetet man sie entweder um einen Stein oder aber noch besser mit Lehm zusammen. Dort, wo selbst solche beschwerten Köderkugeln durch die Strömung fortgetragen würden oder aber der Grund steil abfallend ist, so daß die Köderkugel wegrollen könnte, nimmt man einen kleinen, an einer Schnur befestigten, engmaschigen Drahtkorb, der den Grundköder zusammenhält. Man darf nur nicht den Fehler machen, später auch während des Angelns zuviel Lockfutter anzubieten, da die Fische sich dann hieran sattfressen und nicht mehr an den Haken gehen. Während des Angelns wirft man daher nur noch einzelne Stückchen des benutzten Köders ins Wasser und zusätzlich – vor allem bei Weißfischen – einen sogenannten *Pulverköder.*
Hierbei handelt es sich um geriebenen Zwieback, zerquetschte Kartoffeln, Fischmehl und dergleichen, also um Futterstoffe, die im Wasser gewissermaßen als Schleier niedersinken und nur noch als Lockmittel, nicht aber zur Sättigung dienen. Derartiger Pulverköder empfiehlt sich übrigens auch beim Fischen auf Barsche, da diese Köderart Kleinstfische anlockt, die wiederum den Barsch heranziehen.

Tauwurm: Würmer aller Art gehören zu den bei den Fischen beliebtesten und daher auch am meisten benutzten Ködern. Der größte ihrer Vertreter, der Tauwurm, kommt vor allem in feuchtem Grasboden vor. Man findet ihn am besten bei Dunkelheit mit Hilfe einer schwachbrennenden Laterne. Allerdings muß man sich davor hüten, die aus ihrem Loch herausgekrochenen Tauwürmer zu stark anzuleuchten oder aber beim Herangehen zu fest aufzutreten, da sie sonst sofort in der Erde verschwinden. Man kann Tauwürmer, wenn sie mit dem ganzen Körper aus der Erde gekommen sind oder aber nur noch mit dem Schwanz im Loch stecken, durch einen schnellen Griff bekommen. Hierbei muß man den Schwanz jedoch vorsichtig senkrecht aus dem Loch ziehen, da der Tauwurm sonst innerlich zerreißt und schnell stirbt. Anfänger tun besser daran, mit einem kleinen Spaten den noch mit dem Schwanz in der Erde steckenden Tauwurm zu unterstechen, um ihn auszuheben.
Tauwürmer hebt man am besten über längere Zeit hinaus auf, indem man sie in einer in die Erde vergrabenen Holzkiste verwahrt. Hierzu füllt man in die Holzkiste etwa 10 cm Pferdedung ein, auf den man senkrecht Stroh stellt, das man mit Erde und Torf ausfüllt. In dieser Kiste halten sich nicht nur Tauwürmer gut, sondern sie ziehen sogar – wenn ausreichend breite Ritzen vorhanden sind – in großer Anzahl von selbst in diesen Unterschlupf.

Rotwurm: Diese beliebteste Art des Regenwurms ist ganz erheblich kleiner als der Tauwurm und lebt vor allem in feuchtem Grund, wo man ihn unter Balken, Blätterhaufen und Kompost finden kann. Zur Aufbewahrung dient am besten eine an einem schattigen Ort oder im Keller untergebrachte Kiste, die man mit Moos füllt, dem man sogar Kaffeesatz beifügen kann.
Die erforderliche, aber nicht zu starke Feuchtigkeit, erreicht man am besten mit etwas Milch, womit den Würmern gleichzeitig Nahrung gegeben wird. Von Zeit zu Zeit sollte man das Moos gründlich nach abgestorbenen Würmern durchsuchen, da sonst auch die noch lebenden Würmer leicht zu faulen anfangen.

Goldschwanz: Etwas kleiner als der Rotwurm ist der Goldschwanz, rot und gelb gestreift. Obwohl er einen unangenehmen gelben Saft von sich gibt, stellt er einen guten Köder dar.
Verwendet werden alle Regenwürmer vor allem für Barsch, Rotfeder und Plötze sowie für Forellen, für deren Fang sie allerdings von den meisten Sportfischern abgelehnt werden, weil man zuviel untermassige Forellen hiermit fängt, die man in den meisten Fällen töten muß, so daß der Besatz zu stark geschädigt wird.

Blutwurm: Mit diesem Namen wird die Larve der Zuckmücke bezeichnet. Sie ist etwas über 2 cm lang und rot und in Tümpeln oder auch in feuchtem Kuhdung zu finden. Sie ist ein guter Köder insbesondere für Plötzen.

Blutegel: Diese an sich nicht gerade beliebten schwärzlichen Egel, die man fast überall in flachem Wasser und unter Holz in sehr feuchtem Boden findet, sind ein ausgezeichneter Köder für Forellen – wobei sie allerdings, ähnlich den Regenwürmern, von den meisten Sportfischern abgelehnt werden –, für Barsche und Döbel sowie für Plötzen und Barben.

Holzmade: Diese Madenart lebt hauptsächlich unter der Rinde von in Wasser liegendem Holz. Sie dient als guter Köder für Barsche und alle Forellenarten.

Fleischmade: Die bekannteste Art, aus Fliegeneiern die als Köder beliebten Fleischmaden zu erhalten, ist die, eine mit tiefen Schnitten versehene Leber (weitab von der menschlichen Nase) in die Sonne zu hängen. Wenn man sieht, daß diese Schnitte voller Eier sitzen, legt man die Leber in einen Steinguttopf auf Sägemehl oder Torfmull. Sobald die Maden ausgekrochen sind, schüttet man sie aus diesem Topf in einen anderen, der mit Kleie gefüllt ist, damit sie hierin abtrocknen.

Eine noch bessere Methode scheint allerdings die zu sein, eine große Blechbüchse an einem Drahtgriff an einen Baum zu hängen. Diese Büchse füllt man etwa bis zur Hälfte mit Sägemehl, in das man eine kleinere Büchse stellt. Diese kleinere Büchse enthält nun die aufgeschnittene Leber mit den Fliegeneiern bzw. Maden. Damit nicht Vögel die Maden herauspicken, bedeckt man die große Büchse mit Hühnerdraht. Sobald die Maden ausgewachsen sind, kriechen sie von selbst innen an der kleineren Büchse hoch und fallen dann über den Rand in das Sägemehl, wo man sie ganz trocken und appetitlich mit einem Löffel herausfischen kann.

Fleischmaden sind ein hervorragender Köder für Döbel, Bleie und Barben, Plötzen sowie auch für Forellen und Äschen.

Schnecke: Nicht zu große, nackte Schnecken und das Fleisch von Wasserschnecken (sowie auch von Muscheln) lassen sich gut als Köder für Forellen, Döbel und Barsche, für Brachsen und Plötzen sowie für den Aal verwenden.

Mehlwurm: Züchten kann man Mehlwürmer in einem mit Kleie und Mehl knapp halb gefüllten Steinguttopf.
Verwendet werden sie als Köder für Döbel und Forellen, hin und wieder aber auch für verschiedene Weißfische.

Heuschrecke: Diese „Heupferdchen“ bilden überall dort, wo sie auch in der Natur viel vorkommen und ins Wasser fallen, einen guten Köder für Forellen und Äschen, Aitel und auch Plötzen. Bevor man sie auf den Haken sticht, sollte man sie allerdings töten, indem man sie in der Kopfgegend leicht zusammendrückt.

Krebs: Einen hervorragenden Köder für Barsche und Plötzen stellen die sogenannten Mieterkrebse dar, das sind die Krebse, die gerade ihre Schale wechseln. Das Fleisch gekochter Wollhandkrabben wird dagegen vor allem für Aale und Barsche als Köder verwendet. Große Flohkrebse sind ein beliebter Köder für Forellen.

Maus: Nicht zu große Mäuse, die man vor dem Anködern tötet, finden am System ebenfalls als Köder für Hecht und Zander sowie für kapitale Forellen und Aitel Verwendung.

Fisch: Für alle Arten von Raubfischen werden angeköderte „Stellfische“ oder aber tote Fische am System zur Spinnangel verwendet. Während man z. B. für Forellen gerne Koppen, Gründlinge und Bartgrundeln sowie

Elritzen benutzt, empfehlen sich für den Barsch insbesondere lebende, höchstens 5 cm lange Vertreter seiner eigenen Familie. Überall dort, wo (z. B. für den Hecht) der als Stellfisch lebend verwendete Köderfisch lange Zeit leben und dabei auch noch munter herumschwimmen soll, muß man besonders zähe Köderfische benutzen. Das gilt übrigens nicht nur für die Lebensdauer, sondern auch für die Haut des Fisches, die beim Wurf mit der Wurfangel nicht zerreißen darf. Aus diesem Grunde ist die Plötze (Rotauge) verhältnismäßig ungeeignet als Stellfisch. Besonders widerstandsfähig und munter sind Schleien und handlange Forellen sowie Barsche.

Fetzen: Unter dieser Köderart versteht man solche aus größeren Fischen herausgeschnittenen Teile mit ihrer Haut, die, an der Spinnangel verwendet, einen Fisch darstellen sollen. Wichtig ist, daß der Haken von der Fleischseite aus in den Fetzen gestochen wird, so daß die Spitze auf der Hautseite herauskommt und damit nicht ohne weiteres wieder zurückgezogen werden kann. Andernfalls werden Fetzen von nur schlecht zugreifenden Raubfischen leicht vom Haken gezogen.

Haltbarmachen von Köderfischen: Man tötet kleine Fische am besten durch einen Schlag auf den Vorderkopf.
Tote Köderfische, die noch am gleichen Tage verwendet werden sollen, bewahrt man so wie sie sind, also ohne sie aufzubrechen, in einer Dose mit feinen Sägespänen oder Kleie auf.
Wenn man tote Köderfische mehrere Tage aufbewahren möchte, so muß man sie konservieren oder aber im Kühlschrank einfrieren. Die einfachste Konservierung besteht darin, daß man die Fische in eine stark konzentrierte Salzlösung legt oder aber in Zucker aufbewahrt. Eine Konservierung für längere Zeit wird mit Formalin durchgeführt, wobei man den Fisch in eine zweiprozentige Lösung legt. Durch die härtende Eigenschaft von Formalin sind diese Köderfische am Haken der Wurfangel besonders widerstandsfähig.

Geflügeldärme: Gewachsene Därme, in kleine Stücke gehackt, eignen sich gut als Grundköder, während größere Stücke der Därme an nicht zu kleinen Haken besonders für Forellen und Döbel als Köder gut geeignet sind.

Fleisch: Kleine Stücke von Rindfleisch, aber auch rohe und gekochte Leber, rohe Lunge und weicher, nur schwach gesalzener Speck werden von den meisten Fischarten als Köder angenommen. Das gleiche gilt für halbfeste Wurst, insbesondere für Blutwurst, Fleischwurst und Mettwurst.

Getreidekörner: Am meisten verwendet werden Weizen, Hanf und Mais, die besonders von Weißfischen gerne angenommen werden.

Alle Getreidekörner müssen durch eine besondere Behandlung zubereitet werden, da sie von Natur aus zu hart sind. Die beste Methode ist die, eine Thermosflasche zu etwa ein Viertel mit einer Körnerart zu füllen und dann mit reichlich kochendem Wasser aufzufüllen. Ohne die Thermosflasche zu verschließen, läßt man sie eine Nacht über stehen, so daß die Körner aufplatzen und halb gar werden.
Benötigt man viele Körner zum Anködern, so kann man jeweils etwa 500 g Weizen – denn er eignet sich am besten – mit 5 Liter Wasser in einen großen Topf auffüllen, den man ebenfalls eine Nacht lang auf der Herdplatte gut durchwärmen läßt, so daß er halb gar wird.

Erbsen: Für fast alle Arten von Weißfischen sind gekochte grüne Erbsen ein beliebter Köder. Die einfachste Methode ist die, sich eine Erbsenkonserve zu kaufen, da diese Erbsen genau den Härtegrad haben, der sich zum Angeln besonders gut eignet.

Kartoffeln: Keinesfalls mehlige Kartoffeln werden geschält und nur so weit gar gekocht, daß sie nicht auseinanderfallen. Mit einem kleinen Röhrchen ausgestochen, dienen diese Teile als Köder für Weißfische. Selbstverständlich kann man auch kleine Stücke bis zur Größe eines kleinen Fingernagels aus der Kartoffel schneiden. Für Karpfen verwendet man als Köder etwa walnußgroße, möglichst runde Kartoffelstückchen oder kleinere ganze Kartoffeln.

Käse: Alle harten bis halbharten Käsesorten dienen als Köder für Döbel, die meisten Weißfische und Barben. Den einige Stunden in Milch gelegten Käse schneidet man in kleine Stücke von Erbsengröße bis Haselnußgröße.

Weißbrot: Kleine Stückchen Weißbrot, die mit der harten Rinde am Haken befestigt werden und sich im Wasser langsam erweichen, werden von allen Fischen der karpfenartigen Familie gerne genommen.
Angefeuchtetes und zerquetschtes Weißbrot kann außerdem ähnlich zerquetschten Kartoffeln als Grundköder verwendet werden.

Teig: Vor allem für Plötzen, Karpfen, Döbel und Barben verwendet man als Köder einen zähen Teig, der nicht fest sein darf.

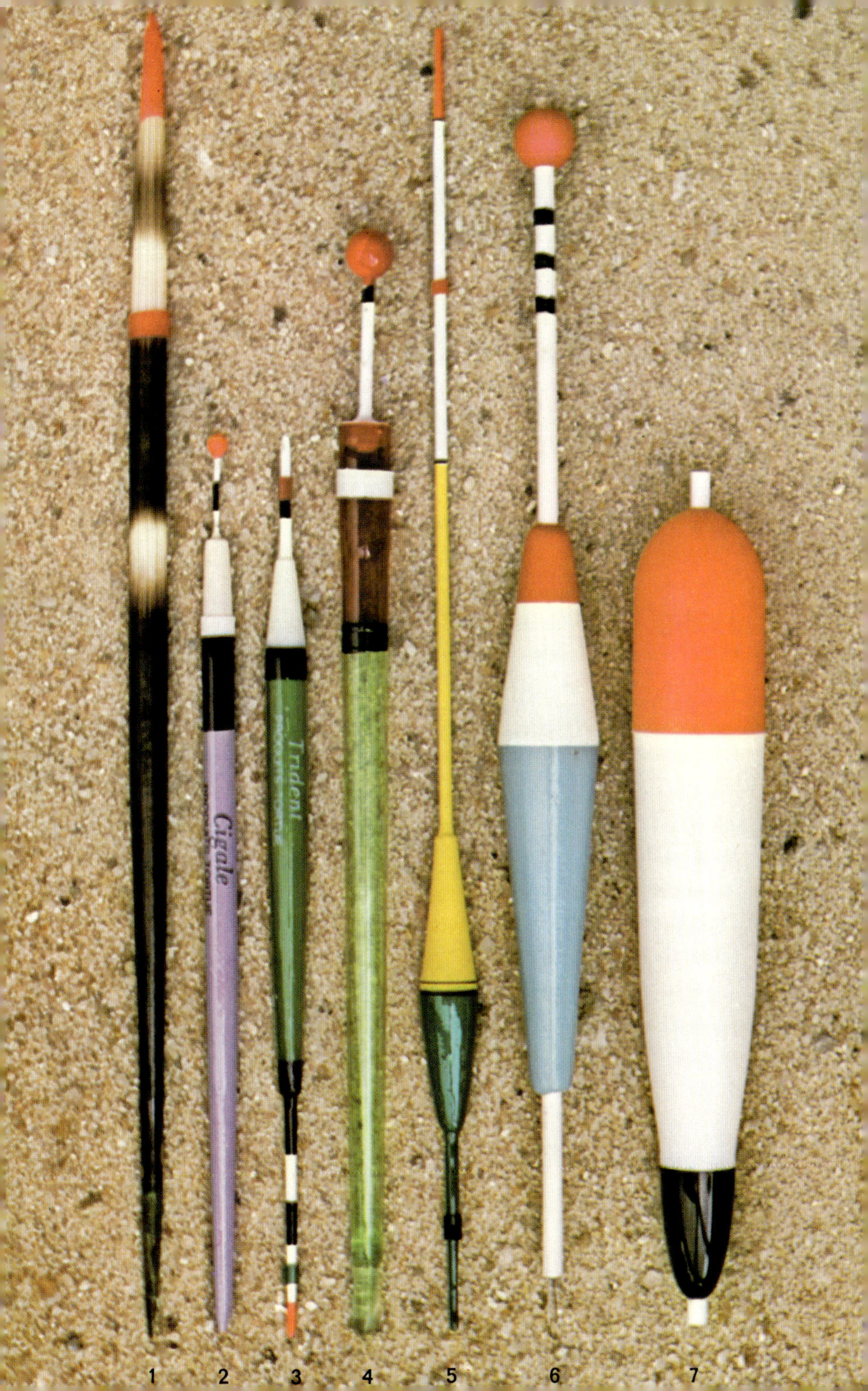
Cigale
Trident
1
2
3
4
5
6
7

TAFEL IV

Erläuterungen zu den Schwimmern (Posen) *s. Seite 57*

Der Köder am Haken

Wie man die verschiedenen Köder richtig am Haken befestigt und wie man sie führt, ist theoretisch kaum darzustellen. Soweit ein Anhalt hierfür zeichnerisch möglich war, haben wir versucht, die grundlegenden Dinge im Bild darzustellen. Alles weitere – und vor allem die richtige Anwendung – kann der Sportfischer nur in der Praxis lernen. Noch besser ist es allerdings, wenn sich der „junge Angler" einen „Mentor" sucht, der ihm die Anfangsgründe beibringt.

Teig ist am einfachsten am Haken zu befestigen, indem man je nach Größe der zu erwartenden Fische eine entsprechende Kugel einfach nur auf die Hakenspitze spießt, so daß sie möglichst bis zum Beginn der Rundung des Hakens reicht. Man sollte allerdings darauf achten, daß die Hakenspitze zwar fast durch die Teigkugel hindurch sticht, dabei jedoch nicht vom Fisch zu sehen oder zu fühlen ist, da er andernfalls den Köder oft verweigert. Man kann Teig übrigens auch zur Form eines Wurmes kneten und damit den ganzen Haken bedecken. Das empfiehlt sich vor allem für besonders scheue Fische aus der Karpfenfamilie.

Körner, Erbsen usw. sticht man ebenfalls so auf den Haken, daß seine Spitze so dicht unter der Oberfläche ist, daß der Fisch sich bei einem Anbiß möglichst schon selbst den Haken in das Maul drückt.

Kartoffeln als Köder für Karpfen sollten möglichst wenig mit der menschlichen Hand in Berührung kommen. Da der Karpfen den Köder mit seinen Lippen erst vorsichtig betastet, ehe er ihn aufnimmt, darf von dem verhältnismäßig großen Haken nichts zu sehen und zu fühlen sein. Man befestigt die Kartoffel daher am besten, indem man mit Hilfe einer Ködernadel das Vorfach völlig durch die Kartoffel zieht, bis der Haken mit seiner Krümmung ganz von der Kartoffel bedeckt ist.

Tote Köderfische an der Spinnangel werden am besten mit Hilfe eines Systems befestigt, das sowohl den Fisch festhält, als auch eine Reihe von Haken, meist Drillinge, an den richtigen Stellen plaziert. Vor allem in der Strömung, in der der tote Köderfisch sich sowieso beim Drill stark bewegt, reicht aber auch ein großer Einzelhaken oder Drilling aus, den man in Gegend der Kiemenhinterkante so von unten durch den Hals sticht, daß die Spitze hinter

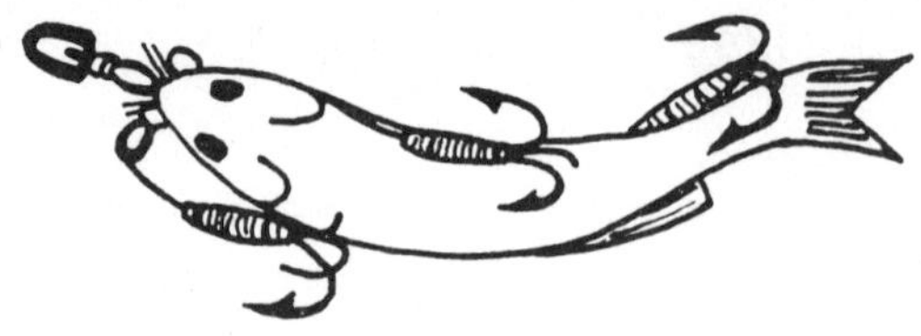

dem Kopf des Fisches nach oben aus dem Körper dringt und hierbei nach vorne zeigt.

Lebende Köderfische können nach einer ganzen Reihe von Methoden an der Angel befestigt werden, wobei stets darauf geachtet werden muß, die Fische nicht unnötig zu quälen und andererseits lange lebend zu erhalten, ohne sie in ihrer Bewegungsfreiheit zu beeinträchtigen. Je nachdem, ob der lebende Köderfisch vom Ufer oder vom Boot aus nur eingesetzt oder aber mit der Wurfangel weit hinaus geworfen werden muß, unterscheiden sich diese Methoden stark voneinander.
Sehr kleine Fische als Köder, z. B. für Barsche oder Zander, hakt man am besten mit einem Haken der Größen Nr. 7–9 von unten her als Lipphaken durch die Oberlippe ein. Diese Anköderung reicht sowohl zum Halten des Köderfisches als zugleich auch als Fanghaken für den Beutefisch aus.

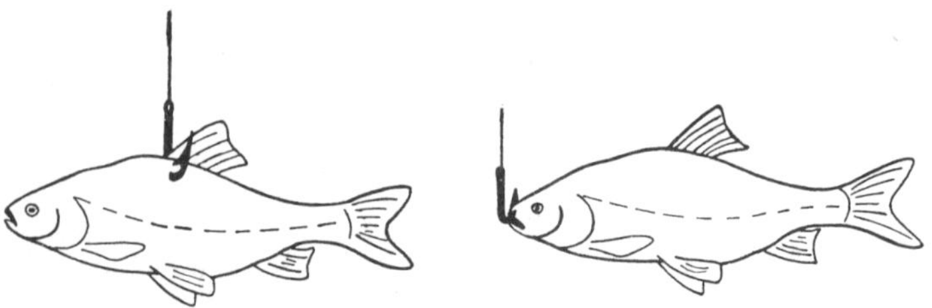

Man kann auch einen Haken dieser Größe als Rückenhaken unter der Rükkenflosse durch die Haut stechen – wobei allerdings die Rückengräte nicht verletzt werden darf –, mit welcher der kleine Köderfisch besonders frei schwimmt. Diese Art der Anköderung empfiehlt sich vor allem bei der Verwendung von kleinen Drillingen, etwa der Größen Nr. 10–12 für den Fang von Zandern und großen Barschen.
Mit Hilfe eines Geschirrs, der sogenannten *Schnappangel,* kann man selbst größere Köderfische auf kürzere Entfernungen werfen. Hierbei befindet sich 3–5 cm über dem Enddrilling ein kleiner, auf dem Vorfach entsprechend verschiebbarer Haltehaken. Während man diese Haltehaken wiederum von unten durch die Oberlippe des Köderfisches sticht – oder aber unter der Rückenflosse hindurch –, wird bei Anwendung der Lippenangel der Drilling

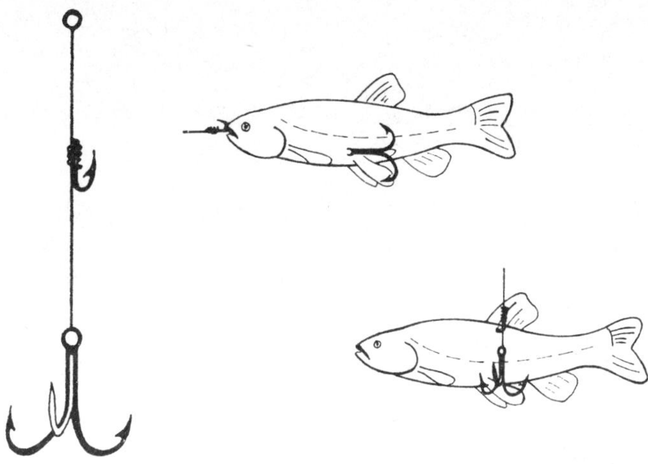

mit einem Haken von hinten nach vorne in Gegend der Bauchflosse ganz leicht eingestochen, damit er am Fisch anliegt. Bei der Verwendung des Rückenhakens kann der Drilling dagegen seitlich des Köderfisches frei herunterhängen.

Bei sehr weiten Würfen besteht stets die Gefahr, daß der Köderfisch sowohl bei der Lippenbefestigung als auch bei der Rückenbefestigung abreißt. In diesem Falle empfiehlt sich die Befestigung des mit einem Doppelhaken bestückten Vorfaches *unter der Haut.* Voraussetzung hierfür ist natürlich, daß

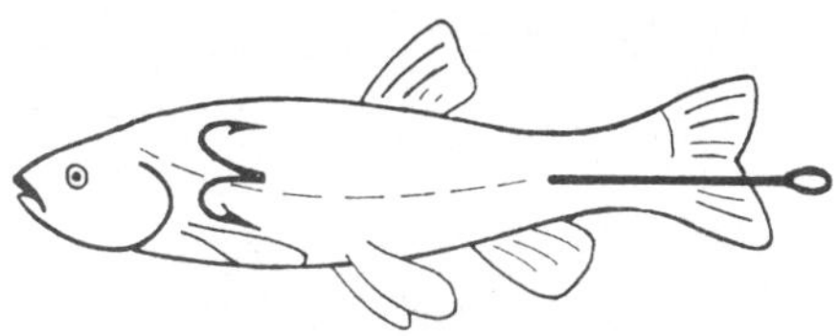

solche Fische als Köder verwendet werden, deren Haut nicht sofort ausreißt, und vor allem, daß das Vorfach wirklich nur unter der Haut entlang geführt wird, ohne edle Teile des Fisches zu verletzen.

Für diese Art der Anköderung verwendet man eine Ködernadel mit angehängtem Vorfach, die man etwa 1–2 cm hinter den Kiemen an der Seitenlinie vorsichtig durch die Haut sticht und dann unter ihr bis hinter die Rückenflosse durchzieht, wo man sie wieder herauskommen läßt. Das derart eingefädelte Vorfach wird nun so weit durchgezogen, daß der Doppelhaken bis zur Rundung unter der Haut sitzt und nur noch die Rundungen mit den Spitzen aus dem Fisch seitlich herausschauen, während das Ende des Vorfachs zwischen der Rückenflosse und der Schwanzflosse herauskommt und nun am Einhänger der Angel befestigt wird. Ein derart befestigter Fisch hat eine überaus große Lebensdauer, ohne hierbei unnötig gequält zu werden. Voraussetzung ist allerdings eine feste Haut dieses Köderfisches, so daß sich hierfür besonders Schleie, Forellen und Barsche eignen.

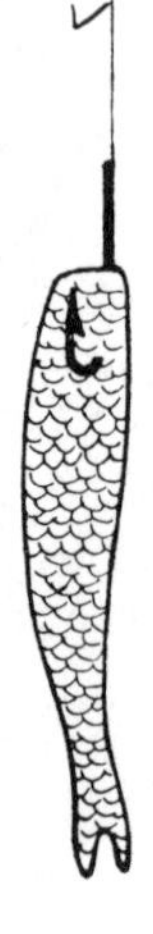

Da Raubfische ihre Beute zwar meist von der Seite her greifen, dann aber im Maul umdrehen und stets mit dem Kopf voraus schlucken, fühlen sie den mit den Spitzen nach hinten gerichteten Doppelhaken nicht und sind – wenn man den vor allem bei Hechten lange dauernden Schluckvorgang ruhig abwartet – absolut fest an der Angel.

Hier noch folgender wichtiger Hinweis: Die Verwendung des lebenden Köderfisches ist in einigen Ländern verboten. Obwohl er in manchen Ländern noch erlaubt ist, sollte der Angler aus Gründen des Tierschutzes auf die Verwendung lebender Köderfische verzichten.

Fetzen sind aus toten Köderfischen herausgeschnittene Filets, an denen man die Haut beläßt. Von der weichen Fleischseite aus sticht man hierbei den verhältnismäßig großen Einzelhaken dort, wo bei dem Fisch der Kopf wäre, völlig durch das Fischfleisch, so daß die Hakenrundung mit der Spitze auf der Hautseite herausdringt. Der Vorteil dieser Anköderung ist, daß der Spinnköder praktisch nicht vom Haken gezogen werden kann, da der Widerhaken sich nicht durch die Fischhaut zurückstoßen läßt.

Zubehör

Kescher: Wichtigstes Zubehörteil für jeden Angler ist das Unterfangnetz. Es findet in all den Fällen Verwendung, in denen ein schwerer Fisch gelandet werden soll, den man nicht ohne weiteres ohne Gefahr eines Bruchs von Schnur oder Rute landen kann.
Die einfachste Art des Keschers ist die eines Netzes an einem runden oder ovalen Bügel, der an einem entsprechend langen Stock befestigt ist. Während man bei der Watfischerei im Bach auf Forellen nur einen Kescher mit einem kurzen Handgriff benötigt, verwendet man im Boot meist einen Kescher mit einem etwa 1 m langen Stock und an Steilufern oder Strombauwerken unter Umständen Kescher mit 2–3 m langen Stangen.
Die praktische Form – leider auch die teuerste – ist die des klappbaren Teleskopkeschers. Hierbei handelt es sich um einen dreieckigen Kescher, der sich flach zusammenlegen und an den Stab heranklappen läßt. Dieser Stab wiederum kann bei Bedarf, durch einen Fingerdruck mit Hilfe einer Feder wie ein Teleskop nach vorne schnellend, verlängert werden, wodurch er die doppelte oder gar dreifache Länge erhält.

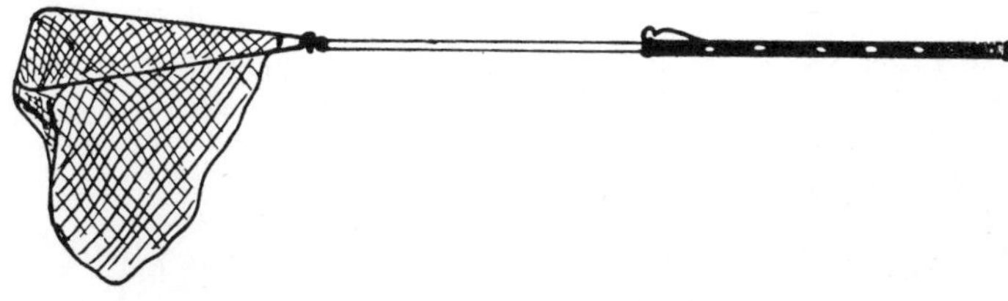

Wichtig für die Benutzung aller Kescher ist, daß man mit ihnen den Fisch – Kopf voran – unterfängt und dann – wenn er sich im Netz befindet – in Verlängerung des Stockes herauszieht. Völlig falsch ist es, zu versuchen, den Kescher mit Hebelwirkung aufwärts zu heben, da dann sowohl der Stock als auch der Rahmen meist bricht.

Gaff: Überall dort, wo der Kescher für einen kapitalen Fisch nicht mehr ausreicht oder aber der Fisch so stark kämpft, daß er mit dem Kescher nicht zu unterfangen ist, benutzt man einen Landehaken.

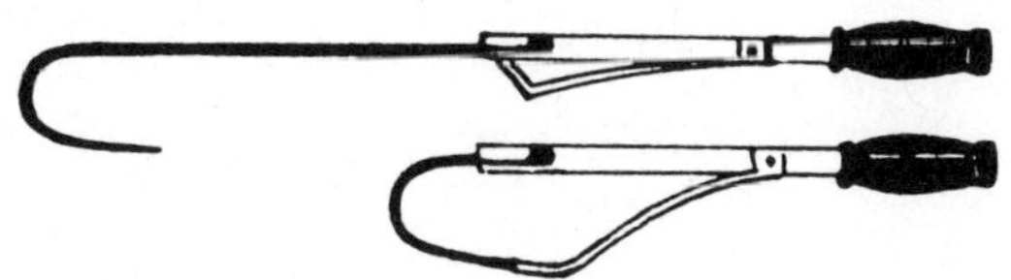

Vom Boot aus oder an hohen Strombauwerken werden im allgemeinen Landehaken an kurzen bzw. sehr langen festen Stöcken benutzt. Überall dort jedoch, wo die Örtlichkeit es verlangt, empfiehlt sich ein Teleskoplandehaken. Er läßt sich – ähnlich dem Teleskopkescher – ausziehen und kann somit sowohl aus dem Boot heraus als auch an steilen Ufern eingesetzt werden.

Köderfischkessel: Die primitivste Art, lebende Köderfische zu transportieren und aufzubewahren, ist ein Marmeladeneimer mit durchlöchertem Deckel. Wenn man allerdings nicht laufend das Wasser wechselt und außerdem womöglich noch die Sonne auf diesen Blecktopf scheint, leben die Köderfische nicht lange.
Zum Transport von Köderfischen empfiehlt sich daher besonders ein spezieller Köderfischkessel mit dicht abschließendem Deckel – der jedoch Luftlöcher aufweist – und einem herausnehmbaren Siebeinsatz, den man am Fischwasser in das Wasser stellen kann, so daß die Köderfische ständig frisches Wasser haben.

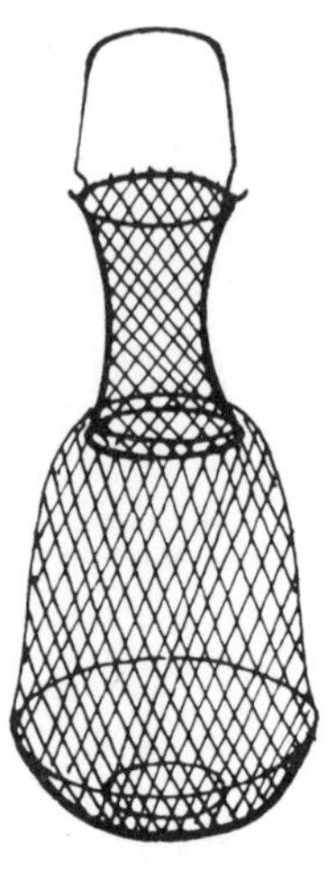

Setzkescher: Dort, wo man die Köderfische nicht zu transportieren, sondern nur aufzubewahren braucht, tut der aus einem zusammenfaltbaren Drahtgewebe hergestellte Setzkescher die besten Dienste. Allerdings empfiehlt es sich – auch wenn er etwas teurer ist –, von vornherein einen Setzkescher anzuschaffen, der nicht nur einen federnden Drahtdeckel, sondern auch einen Hals aufweist. Vorteil des Halses ist, daß man den vom Haken gelösten Fisch mit der Hand tief zur Öffnung des Setzkeschers führen kann, ohne daß er verlorengeht, wenn er im letzten Augenblick einmal beim Aufdrücken des Federdeckels „wegrutscht". Der Vorteil des Federdeckels ist, daß weder ein Fisch aus dem Setzkescher springen, noch aber, wenn der Kescher einmal aus Versehen ins Wasser fällt oder untertaucht, entrinnen kann.

Köderfischsenke: Zum Fang von Köderfischen verwendet man ein etwa 1 × 1 m großes, sehr feinmaschiges Netz, das durch zwei zusammenlegbare, kreuzförmig anzubringende Spanndrähte ausgespannt wird. Mit Hilfe einer langen Stange und einer entsprechend langen, starken

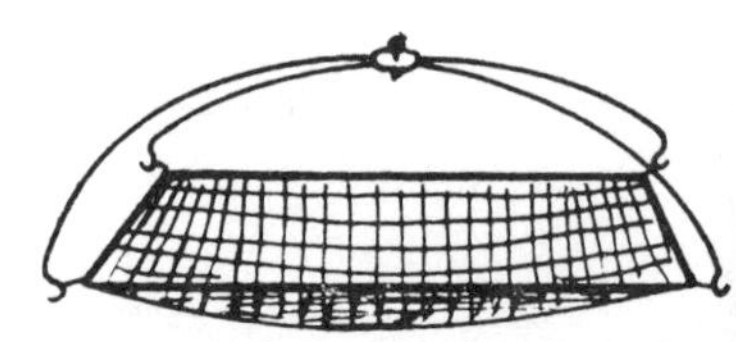

Schnur, die man an dem an der Mitte befindlichen Ring befestigt, läßt man die Köderfischsenke bis auf den Grund absinken. Es empfiehlt sich allerdings, zur Beschwerung entweder einen Stein in die Mitte zu legen, oder aber ein verhältnismäßig schweres Blei mit Hilfe eines Hakens an der Mitte der Unterseite zu befestigen, damit die Köderfischsenke schnell und waagrecht auf den Grund kommt.

Wenn man mit Hilfe von dünner Angelschnur nun auch noch Weißbrot oder anderen Grundköder am Netz der Senke befestigt, werden sich schnell kleine Fische einfinden. Es ist wichtig zu wissen, daß man die Köderfischsenke mit einem Ruck anheben und dann ohne Unterbrechung herausziehen muß, damit die über dem Netz befindlichen Köderfische nicht seitlich fliehen können.

Wurmbüchse: Zur Aufbewahrung von Regenwürmern kann man jede mit einem Deckel verschließbare kleine Blechbüchse verwenden. Allerdings sollte sie verzinkt sein, um nicht sofort zu rosten, und außerdem im Deckel eine Anzahl kleiner Löcher besitzen, damit die Würmer auch Luft bekommen. Man wähle eine Wurmbüchse allerdings lieber viel zu groß als auch nur etwas zu klein, da Würmer viel Platz benötigen, um frisch zu bleiben. Hierzu gehört übrigens auch, daß die Wurmbüchse mit angefeuchtetem Moos oder doch zumindest mit feuchter Erde oder feuchten Sägespänen gefüllt sein muß.

Im Handel gibt es eine ganze Reihe von guten Wurmbüchsen zu kaufen, die im allgemeinen besser sind als ausgediente Konservenbüchsen.

Hakenlöser: Vor allem beim Fang von Forellen, Barschen und auch anderen Raubfischen, die den Köder mit dem Haken manchmal sehr tief schlucken, hat man oft viel Mühe, den tiefsitzenden Haken zu lösen. Töten will man den Fisch auch nicht immer gleich, wenn er bereits morgens an die Angel ging und man bei warmem Wetter noch den ganzen Tag am Wasser bleiben will.

Der einfachste Hakenlöser besteht aus einem etwa 15 cm langen starken Draht mit einem Haltering für den Zeigefinger am oberen Ende und mit einer flachen, gehämmerten Gabel am unteren, mit deren Hilfe man über den Haken fassen und ihn herausdrücken kann. Es gibt allerdings auch Hakenlöser, die außer der zum Drücken dienenden Gabel noch einen eingearbeiteten Haken besitzen, um eventuell ziehen zu können.

Ködernadel: Eine 10–15 cm lange Nadel aus biegsamem Stahl mit einer breit ausgeschlagenen, scharf angeschliffenen Spitze und einer abbiegbaren langen Öse dient dazu, das Vorfach durch den Köder ziehen und dann ohne weiteres wieder aushängen zu können.

Man verwendet sie sowohl zum Anködern, z. B. von Kartoffeln für den Fang von Karpfen, als auch zum Einziehen des Stahlvorfachs unter der Haut des Köderfisches zum Fang von großen Raubfischen.

Hakenzange: Vor allem bei Raubfischen, aus deren Kiefer man einen Haken oft nur unter Gewaltanwendung lösen kann, ist die Anwendung einer Spezialzange erforderlich. Die handelsüblichen Hakenzangen sind in Form einer Schere gearbeitet, deren Vorderteil allerdings breit geformt ist, um besser zufassen zu können. Da man jedoch oft mit einer geraden Zange in die Tiefe des Fischschlundes nur schlecht hinein kommt, sind sehr schlanke, gebogene Zangen mit aufgerauhten Backenflächen – wie sie in der Technik teilweise üblich sind – noch besser zu verwenden; allerdings müssen sie rostfrei sein und sind auch dementsprechend teuer.

Aufwinder: In der Grundangelei ohne Rolle benutzt man im allgemeinen nur eine Schnur, die einschließlich des Vorfaches nicht länger ist als die Angelrute. Diese Schnur mit Vorfach und Haken, Blei und Posen stets auseinanderzunehmen, macht den meisten Sportfischern zuviel Mühe. Um dem abzuhelfen, hängt man den Haken einfach um einen Aufwinder – die besten bestehen aus Kunststoffmaterial – und wickelt nun die Angelschnur mit allem, was dran ist, bis oben hin auf, um sie erst dann von der Rutenspitze abzuknoten. Man hat dann die komplette Angel jederzeit zur Verfügung und spart beim nächsten Fischen nicht nur alle Arbeit, sondern – am gleichen Gewässer – sogar jedes neue Einstellen der Tiefe.

Wurftechnik

Beim Auswerfen eines Köders unterscheidet man drei verschiedene Techniken:

1. Schwippwurf
2. Wurf von der Rolle
3. Fliegenwurf

Schwippwurf nennt man die einfache Art des Hinausschnellens der Angelschnur mit Hilfe der Schleuderkraft einer gebogenen Angelrute. Man wendet ihn überall dort an, wo man an der Grundrute keine Rolle besitzt und durch Behinderung von Bäumen, Bauwerken usw. Rute und Schnur nicht ausschwingen lassen kann.
Schwippwurf bedeutet nichts anderes, als die Rute in die Richtung des Wurfes zu halten, dann mit der anderen Hand das Vorfach dicht vor dem Haken zu fassen und so weit am Körper vorbei nach hinten zu ziehen, daß die Rute sich wie eine Peitsche biegt. Wenn man jetzt das Vorfach losläßt, schnellt die Schnur mit dem am Haken befestigten Köder nach vorne. Allerdings muß der Köder sehr fest am Haken sitzen und der Angler sich vorsehen, daß der Haken ihm nicht in die Hand oder in die Kleidung dringt.

Wurf von der Rolle wird, ohne Berücksichtigung der Rollenart, praktisch in zwei Arten durchgeführt.

Der ***Überkopfwurf*** findet überall dort Anwendung, wo man nicht seitlich mit der Rute ausholen kann. Er schleudert zwar den gut beschwerten Körper sehr weit, ist jedoch insofern verhältnismäßig ungenau, als man zwar in der Richtung, nicht aber in der Entfernung genau zielen kann.

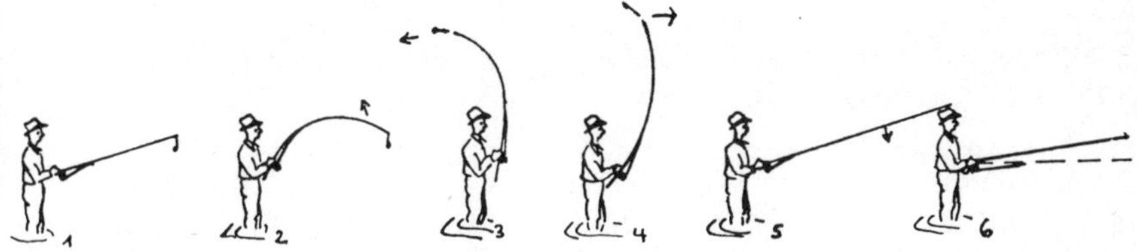

Der ***Seitenwurf*** benötigt zwar ausreichend seitlichen Raum, läßt es jedoch vor allem auf Entfernungen bis etwa 25 m zu, den Köder in der Entfernung sehr genau zu plazieren, während es in der Richtung etwas schwieriger ist. Er muß auf jeden Fall überall dort angewendet werden, wo man verhältnismäßig flach über das Wasser hinwegwirft, um den Köder – z. B. unter Bäumen, niedrigen Brücken usw. – genau einzuwerfen. Für den erfahrenen Wurfangler ist er der beliebteste, da genaueste Wurf.

Fliegenwurf mit Hilfe der sehr dünnen, schwippigen Fliegenrute und einer Spezialfliegenschnur ist die höchste Kunst des Sportfischens. Diese Wurfart ist nur über den Kopf hinweg dort auszuführen, wo auch hinter dem Sportfischer so viel freier Raum zur Verfügung steht, daß die ganze Länge der Fliegenschnur gestreckt ausschwingen kann.
Mit einem mehrfachen „Luftwurf" streckt man durch das Hin- und Herschwingen der Rute die Schnur und hat hierbei außerdem die Möglichkeit, aus den in der anderen Hand gehaltenen großen Schnurringen (Klängen) laufend Schnur zuzugeben, bis die gewünschte Schnurlänge in der Luft ist.

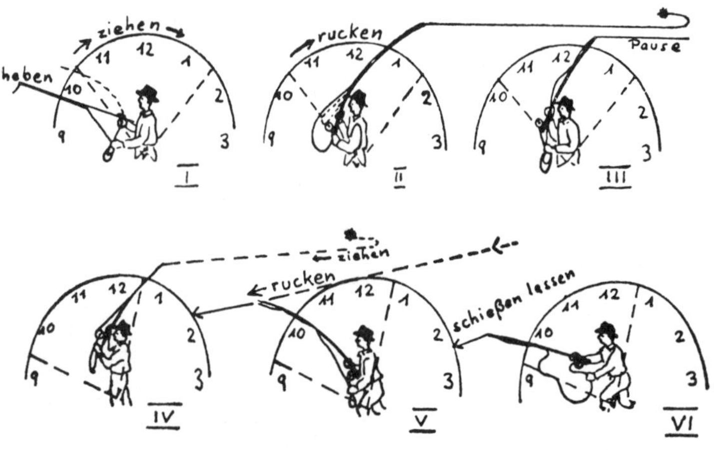

Erst dann kann man zum eigentlichen Wurf mit Hilfe eines Rückwärtsschwunges ansetzen, der so weit ausgeholt werden muß, daß die Schnur in der Luft völlig gestreckt wird. Der nun erfolgende endgültige Vorwärtsschwung muß genau in Richtung des Auftreffpunktes weisen, um die Fliege möglichst zentimetergenau ins Ziel zu bringen.
Die Kunst dieses Fliegenwurfes besteht jedoch nicht allein darin, den ins Auge gefaßten Punkt mit der ja nur federleichten Fliege genau zu treffen, sondern vor allem auch darin, daß diese Fliege nur ganz leicht auf das Wasser auftupfen darf. Bemerkt man im letzten Moment, daß sie wahrscheinlich zu hart aufkommt, so kann der erfahrene Fliegenfischer sich unter ständiger Beobachtung der nach vorne schnellenden Fliege dadurch noch etwas behel-

fen, daß er die vorschwingende Rute ein wenig stoppt, so daß sich die ganze Länge der Schnur einschließlich des langen Vorfaches dicht über dem Wasser völlig ausstreckt und erst dann langsam herabfällt.

Die Wurfangelei kann man nicht aus einem Lehrbuch lernen. Hierzu gehört Praxis . . . und möglichst ein erfahrener Lehrmeister, der einem die wichtigsten Grundlagen beibringt. Daher lassen sich auch die Arten der Wurftechnik nur grundsätzlich zeichnerisch darstellen, da sie sich ja je nach Rutenlänge und Rutenstärke, Rollenart und Gewicht des Köders bzw. der Bleibeschwerung und noch dazu je nach der Uferbewachsung laufend verändern.

Wer darf überhaupt fischen?

Jeder, der in der Regel das 12. Lebensjahr vollendet hat. Allerdings nur, wenn er die örtlichen Verordnungen einhält, die sich hauptsächlich mit den Schonzeiten und den vorgeschriebenen Mindestmaßen der Fische befassen, teilweise allerdings auch mit einer Reihe von verbotenen Fangmethoden und Ködern. Selbstverständlich dürfen gesperrte Ufergebiete nicht betreten und gesperrte Gewässerteile nicht befischt werden. Voraussetzung für die Ausübung der Sportfischerei sind jedoch grundsätzlich zwei „Papiere", ohne die in keinem Falle gefischt werden darf:

A. Fischereischein. Im allgemeinen bei den Stadtverwaltungen des ständigen Wohnsitzes erhältlich, bekommt man gegen eine geringe Gebühr einen Jahresfischereischein. In manchen Gegenden erhält man sogar einen Monatsfischereischein. Dieses grundsätzliche Papier (vergleichen wir es mit dem Führerschein) ist Voraussetzung dafür, daß man überhaupt eine Angel in die Hand nehmen darf. Ebensowenig, wie man sich mit einem Führerschein nun aber in irgendein beliebiges Auto setzen und damit fortfahren darf, hat man nun die Berechtigung, überall zu angeln. Ausgenommen das Meer und die Küsten, wenn man vom Wasser aus sportlich fischt; also auch dort meist nicht einmal vom Strand oder Bauwerken aus.

B. Fischereigenehmigung. Soweit man ein eigenes oder gepachtetes Gewässer besitzt, kann man dort unter Berücksichtigung der Schonzeiten fischen, wann und soviel man will. Da aber alle Gewässer in staatlicher, kommunaler oder privater Hand sind und kaum jemand das Glück hat, ein Gewässer als Privatbesitz sein eigen zu nennen, wenige auch nur Pächter eines Gewässers sein können, muß man sich von dem Verfügungsberechtigten eine Fischereigenehmigung ausstellen lassen. Erst mit dieser Genehmigung in der Tasche ist man berechtigt, seine Angel auszuwerfen.
Das *Fischereirecht* ist in der Bundesrepublik Deutschland Ländersache. Die meisten Länder haben moderne Fischereigesetze geschaffen und sind dabei, das Ausführungsrecht – soweit nicht bereits geschehen – neu zu regeln. Der Sportfischer muß als Ausfluß dieser Kompetenz damit rechnen, daß er von Land zu Land unterschiedliche Bestimmungen und Auflagen beachten muß. Es ist unbedingt erforderlich, sich vor Angelbeginn mit den besonderen Bedingungen des Erlaubnisscheins zu befassen und sich bezüglich der Artenschonzeiten, Mindestmaße usw. Gewißheit zu verschaffen. Nur so lassen sich Unannehmlichkeiten und unliebsame Überraschungen vermeiden.

Welche Fische fange ich womit?

Fast jeder Fisch verhält sich hin und wieder völlig anders, als ein Lehrbuch es ihm vorschreibt. Dafür kann weder der Fisch noch der Verfasser etwas.
Die Zusammenstellung einer Tabelle, welcher Fisch worauf beißt, welche Schnüre, Haken usw. man am besten nimmt und vor allem an welchen Stellen, in welcher Wassertiefe und zu welcher Tageszeit man angelt, kann daher nie fehlerfrei sein. Man kann als Verfasser einer solchen „Fibel für den Sportfischer" höchstens aus seiner eigenen, jahrzehntelangen Erfahrung zu dem raten, was man ohne spezielle Kenntnis des betreffenden Gewässers als Ortsfremder selbst tun würde. Klappt es nicht, so muß man andere Methoden ausprobieren. Auf jeden Fall ist es aber stets besser, überhaupt erst einmal etwas zu tun als gar nichts. Da an diesem Prinzip kaum etwas zu ändern ist, kann ein Fehlschlag nur auf irgendwelchen Kleinigkeiten beruhen, die man dann eben nacheinander ausschalten muß.
Beißen die Fische gar nicht ... hat man Pech gehabt!
Meist tun sie es allerdings ein paar Stunden später; und dann um so besser.
Wichtigste Voraussetzung für die Sportfischerei ist daher nicht das Gerät, sondern die Geduld.
Die wichtigsten Fischarten, die grundsätzlichen Angelmethoden, die hauptsächlichsten Köder und das zu verwendende Angelgerät ebenso wie die üblichen Fangtiefen und besten Beißzeiten für die einzelnen Fische sind in der Tabelle auf den beiden nachstehenden Seiten aufgeführt.

Fisch	Angelmethode	Schnurstärke in mm	Hake größ
Aal	Grundangel ohne oder mit Floß, meist bei Nacht	0,35–0,50	2–
Aitel (Döbel)	Grund-, Floß-, Spinn- und Flugangel	0,20–0,35	4–
Äsche	Flugangel	0,20–0,30	7–
Barbe	Grundangel mit Bodenblei	0,35–0,50	2/0–
Barsch	Floß-, Spinn-, Schlepp- und Senkangel	0,25–0,40	4–
Brachse (Güster)	Grundangel ohne und mit Floß	0,25–0,40	2–
Forellen	Flug- und Spinnangel	0,20–0,40	6–
Hecht	Spinn- und Schleppangel	0,35–0,50	5/0–
Karausche	Grund- und Floßangel	0,20	8–
Karpfen	Grund- und Floßangel	0,25–0,50	3/0–
Plötze	Floß- und Flugangel	0,20	8–
Rutte (Quappe)	Grundangel mit Bodenblei	0,45	1–
Schleie	Floß- und Grundangel	0,25–0,40	4–
Zander	Spinn- und Schleppangel, Stellfisch	0,35–0,50	2–

iefe	Köder	Beste Beißzeit
d	Tauwurm, Köderfisch	Mai–Sept.
d von flachen Bächen, re Tiefe und Ober- in Flüssen, d im Winter	Regen- und Tauwurm, Brot und Teig, Fliegen, Kirschen und Pflaumen, Käse und Hühnerdärme, kleine Spinner	März–Okt.
läche	Fliegen, kleinste Spinner	Mai–Dez.
d	Tauwurm, Maden und Därme	Juni–Nov.
fer über Grund, efem Wasser ber Höhe, inter auf Grund	kleinste Köderfische, Würmer, Maden und kleine Spinner	Juni–Nov.
Grund	Würmer, gekochte Erbsen, Teig, Kartoffel und Maden	April–Okt.
läche bis Grund	Fliege, Blinker, Würmer	Mai–Sept.
inen Flüssen Mittel- in Seen 1–5 m tief; r über Grund	Spinner, System, Stellfisch	Mai–Dez.
d in flachen ssern, auch mittlere und Oberfläche	Würmer, Teig, Kartoffel, Erbsen	Mai–Okt.
d	Kartoffel, Käse und Wurm	Mai–Okt.
läche bis mittlere	Teig, gekochter Weizen, Kartoffeln, kleiner Wurm, Fliege	Jan.–Dez.
d	Tauwurm, Köderfisch	Okt.–Jan.
d	Wurm, Made, Teig	April–Sept.
Grund	kleine Köderfische, kleine Spinner	Juni–Dez.

Register

NÜTZLICHE RATGEBER

EINE AUSWAHL

Stand: Herbst 1993

obby und Freizeit

ken-Handbuch
ichnen und Malen
67-5) Von B. Bagnall, 336 S., 1154 Farb-
b., Pappband. ●●●●●

eativ Zeichnen
588-X) Von B. Bagnall, 176 S., zahlr. Farb-
b., Pappband. ●●●●

ınkt, Punkt, Komma, Strich
ichnen leicht gemacht
721-5) Von H. Witzig, 144 S., 512 s/w-
ichnungen, Pappband. ●●

ınkt, Punkt, Komma, Strich
ichenstunde für Kinder
564-4) Von H. Witzig, 144 S., über
0 Zeichnungen, kart. ●

ımal grad und einmal krumm
ichenstunde für Kinder
599-7) Von H. Witzig, 144 S., 363 Abb.,
rtoniert. ●

ıgürliches Zeichnen
cht gemacht
10-9) Von H. Witzig, 112 S., 462 Figuren,
rtoniert. ●

ırbrush
eatives Gestalten mit dem Luftpinsel
33-4) Von C. M. Mette, 80 S., 145 Farb-
tos, 40 Farbzeichnungen, kartoniert. ●●

ılligraphie
e Kunst des schönen Schreibens
263-9) Von C. Hartmann, 120 S., 44 Farb-
rlagen, 29 s/w-Vorlagen, 2 s/w-Zeich-
ıngen, 38 Farbfotos, Pappband. ●●●●

estalten mit Schrift
ılligraphie
044-3) Von I. Schade, 80 S., 2 Farb- und
/w-Foto, 143 Farbzeichnungen, kart. ●●

obby Aquarellmalen
ndschaft und Stilleben
876-7) Von I. Schade, A. Brück, 80 S.,
1 Farbabb., kart. ●●

obby Ölmalerei
ndschaft und Stilleben
875-9) Von H. Kämper, I. Becker, 80 S.,
3 Farbabb., kart. ●●

LKEN
exikon der Seidenmalerei
it großer Farbmischtabelle
737-1) Von K. Huber, 192 S., ca. 250 Farb-
tos, Pappband. ●●●●

eidenmalerei in Vollendung
414-3) Hrsg. von R. Smend, 160 S.,
27 Farbfotos, 36 s/w-Fotos, geprägter
eineneinband mit Schutzumschlag, im
huber. ●●●●●

eidenmalerei und Modedesign
odelle · Techniken · Schnittmuster
476-3) Von B. Hansen, 176 S., 140 Farbf.93
rb-, 68 s/w-Zeichn., Pappband. ●●●●

eidenmalerei Exklusive Tücher
303-5) Von E. Schwinge, 80 S., 79 Farb-
tos, 6 Zeichnungen, kart. ●●

Kreative Seidenmalerei
Motive · Muster · Farbenspiel
(**4720**-7) Von M. Neubacher-Fesser, ca. 136 S., zahlr. Farbabb., Pappband. ●●●●

Seidenmalerei
Muster über Muster
20 Künstlerinnen präsentieren 120 Ideen
(**4744**-4) 128 S., 188 Farbabbildungen, Pappband. ●●●●

Seidenmalerei
Die wichtigsten Techniken Schritt für Schritt
(**1357**-4) Von B. Hansen, 64 S., zahlr. Farbabb., kartoniert. ●●

Seidenmalerei als Kunst und Hobby
(**4264**-7) Von S. Hahn, 136 S., Farbabb., 1 s/w-Foto, Pappband. ●●●●

Neue zauberhafte Seidenmalerei
Motive und Anregungen aus der Natur
(**0924**-0) Von R. Henge, 80 S., 148 Farbfotos, 27 s/w-Zeichnungen, kart. ●●

Krawatten, Tücher und Fliegen individuell gestalten
Seidenmalerei
(**1242**-X) Von A. Reichmann, 64 S., durchgehend vierfarbig, kart. ●●

Aquarellieren auf Seide
Materialien · Techniken · Motive
(**0917**-8) Von I. Demharter, 32 S., 41 Farbfotos, Pappband. ●

Airbrush auf Seide
(**1342**-6) Von I. Demharter, 64 S., zahlreiche Farbabbildungen, kart. ●●

Airbrush Seidenmalerei
Mit Vorlagen für Schablonen
(**1356**-6) Von C. M. Mette, ca. 80 S., zahlr. Farbabbildungen, kartoniert. ●●●

Seidenmalerei Bäume und Blätter
(**5249**-9) Von D. Kosik, 32 S., 5 Farbfotos, 23 Farb- u. 13 s/w-Zeichungen, kart. ●

Seidenmalerei Landschaften
(**5153**-0) Von D. Kosik, 32 S., 50 Farbfotos, 12 Zeichnungen, mit Vorlagebogen in Originalgröße, kart. ●

Seidenmalerei Kissen
(**5151**-4) Von I. Demharter, 32 S., 42 Farbfotos, 2 Zeichnungen, mit Vorlagebogen in Originalgröße, kart. ●

Seidenmalerei Blusen und T-Shirts
(**5184**-0) Von A. Keller, 32 S., 28 Farbfotos, 12 Zeichnungen, mit Vorlagebogen in Originalgröße, kartoniert. ●

Seidenmalerei Tücher und Schals
(**5152**-2) Von R. Henge, 32 S., 36 Farbfotos, 1 Zeichnung, mit Vorlagebogen in Originalgröße, kart. ●

Seidenmalerei Tiermotive
(**5204**-9) Von A. Keller, 32 S., 37 Farbfotos, mit Vorlagebogen in Originalgröße, kart. ●

Serti Designo
Seidenmalerei mit Kreidestiften
(**5208**-1) Von S. Tichy-Gibley, 32 S., 46 Farbfotos, mit Vorlagebogen in Originalgröße, kart. ●

Seidenmalerei Lampenschirme
(**5154**-9) Von I. Walter-Ammon, 32 S., 47 Farbfotos, 1 Zeichnung, mit Vorlagebogen in Originalgröße, kart. ●

Seidenmalerei Blüten, Blätter, Ranken
(**5165**-4) Von D. Kosik, 32 S., 35 Farbfotos, 4 Zeichnungen, mit Vorlagebogen in Originalgröße, kart. ●

Seidenmalerei Schmuckkarten und Miniaturbilder
(**5166**-2) Von I. Walter-Ammon, 32 S., 37 Farbfotos, 2 Zeichnungen, mit Vorlagebogen in Originalgröße, kart. ●

Akzente mit Perlen, Pailetten und Straß
Seidenmalerei
(**5248**-0) Von A. Keller, 32 S., ca. 50 Farbf., mit Vorlagebogen in Originalgröße, kart. ●

Seidenmalerei Bilder in Konturentechnik
(**5182**-4) Von I. Demharter, 32 S., 28 Farbfotos, 2 Zeichnungen, mit Vorlagebogen in Originalgröße, kart. ●

Seidenmalerei Applikationen
(**5224**-3) Von J. Bressau, 32 S., 50 Farbfotos, mit Vorlagebogen in Originalgröße, kart. ●

Malen auf Seide
kinderleicht
(**5218**-9) Von R. Henge, 32 S., 11 Farbfotos, 44 Farbzeichn., Vorlagebogen, kartoniert. ●

Moderne Stoffmalerei
(**1358**-2) Von H. Sander, 64 S., 73 Farbf., 50 s/w-Zeichn., kart. ●●

Perfekt Stricken
Mit Sonderteil Häkeln.
(**4250**-7) Von H. Jaacks, 256 S., 703 Farbfotos, 169 Farb- und 121 s/w-Zeichnungen, Pappband. ●●●●

Das moderne Standardwerk
Nähen
(**4709**-6) Von S. von Rudzinski, 176 S., vierfarbig, Pappband. ●●●●

Marionetten
selbst bauen und führen
(**1043**-5) Von D. Köhnen, 80 S., 150 Farbfotos, mit Schnittmusterbogen, kartoniert. ●●

Hampelmänner
Basteln mit Kindern ab 5 Jahren
(**5240**-5) Von F. Michalski, 32 S., ca. 50 Farbabb., mit Vorlagebg. in Originalgröße, kart. ●

Künstlerpuppen
im 20. Jahrhundert
(**4719**-3) Hrsg. R. Höckh, 160 S., 192 Farbfotos, 26 s/w-Fotos, Pappband. ●●●●●

Charakterpuppen
aus Cernit und Porzellan selbst gestalten
(**1156**-3) Von S. Becker, 64 S., 143 Farbfotos, 30 Zeichnungen, 13 Vignetten, mit Schnittmusterbogen, kartoniert. ●●

Puppen zum Liebhaben
(**5199**-9) Von B. Wehrle, 32 S., 27 Farbfotos, 9 s/w-Zeichnungen, mit Vorlagebogen in Originalgröße, kartoniert. ●

Neue zauberhafte Salzteig-Ideen
(**0719**-1) Von I. Kiskalt, 80 S., 324 Farbfotos, 12 Zeichnungen, Schablonen, kart. ●●

e hier vorgestellten Bücher, Videokassetten und Software sind in folgende Preisgruppen unterteilt:

Preisgruppe bis DM 10,–/S 79,–/SFr 11,–
● Preisgruppe über DM 10,– bis DM 20,– S 80,– bis S 160,– SFr 10,– bis SFr 21,–
●●● Preisgruppe über DM 20,– bis DM 30,– S 161,– bis S 240,– SFr 21,– bis SFr 30,–
●●●● Preisgruppe über DM 30,– bis DM 50,– S 241,– bis S 400,– SFr 30,– bis SFr 50,–
●●●●● Preisgruppe über DM 50,–/S 401,–/SFr 50,–
* (unverbindliche Preisempfehlung)

e Preise entsprechen dem Status beim Druck dieses Verzeichnisses (s. Seite 1) – Änderungen, im besonderen der Preise, vorbehalten –

Falken-Verlag GmbH · Postfach 1120 FALKEN **D-65521 Niedernhausen/Ts. · Tel.: 06127/7020**

Salzteig kinderleicht
(**0973**-9) Von I. Kiskalt, 80 S., 224 Farbfotos, 8 Zeichnungen, kart. ●●

Hobby Salzteig
(**0662**-4) Von I. Kiskalt, 80 S., 150 Farbfotos, 5 Zeichnungen und Schablonen, kart. ●●

Kreatives gestalten mit Ton
Töpfern ohne Scheibe – Aufbaukeramik
(**0896**-1) Von A. Riedinger, 80 S., 207 Farbfotos, 16 Zeichnungen, 7 Vignetten, kart. ●●

Kreatives Gestalten mit Ton
Töpfern auf der Scheibe
(**0971**-2) Von A. Riedinger, 80 S., 28 Farb- und 3 s/w-Zeichnungen, 178 Farbf., kart. ●●

Kneten und Modellieren
kinderleicht
(**5217**-0) Von V. Ettelt, 32 S., 12 Farbtafeln, 72 Farbzeichnungen, Vorlagebogen, kart. ●

Hobby Glaskunst in Tiffany-Technik
(**0781**-7) Von N. Köppel, 80 S., 194 Farbfotos, 6 s/w-Abb., kart. ●●

Tiffany-Lampen selbermachen
Arbeitsanleitung · Materialien · Modelle
(**0684**-5) Von I. Spliethoff, 32 S., 60 Farbfotos, 19 Zeichnungen, Pappband. ●

Fensterbilder in Tiffany-Technik
(**5168**-9) Von P. Matz, 32 S., 43 Farbfotos, mit Vorlagebogen in Originalgröße, kart. ●

Tiffany-Technik
und andere kunstvolle Arbeiten in Glas
(**0972**-0) Von D. Köhnen, 80 S., 176 Farbfotos, 5 s/w-Zeichnungen, kart. ●●

Rocailles
Perlenschmuck
(**5209**-X) Von L. und E. Weiler, 32 S., 45 Farbfotos, 2 Zeichnungen, mit Vorlagebogen in Originalgröße, kartoniert. ●

Masken
phantasievoll dekorieren
(**5155**-7) Von Chr. Familler, 32 S., 48 Farbf., mit Vorlagebg. in Originalgröße, kart. ●

Laubsägearbeiten für das Kinderzimmer
(**5245**-6) Von H.-P. Krafft, 32 S., ca. 50 Farbf., mit Vorlagebg. in Originalgröße, kart. ●

Schwingtiere aus Holz gestalten
(**5222**-7) Von der Arbeitsgem. Werken, 32 S., 50 Farbfotos, mit Vorlagebogen in Originalgröße, kartoniert. ●

FALKEN Video
Drachen
bauen und fliegen
(**6141**-2) VHS, ca. 45 Min., in Farbe, mit Broschüre. ●●●●*

Drachen
bauen und steigen lassen.
(**0767**-1) Von W. Schimmelpfennig, 80 S., 1 dreiseitige Ausklapptafel, 55 Farbfotos, 139 Zeichnungen, kart. ●●●

Lenkdrachen
bauen und fliegen
(**1011**-7) Von W. Schimmelpfennig, 64 S., 51 Farbf. und 126 Zeichnungen, kart. ●●

Neue Lenkdrachen und Einleiner
bauen und fliegen
(**1353**-1) Von W. Schimmelpfennig, 80 S., zahlr. Farbabbildungen, kart. ●●●

Drachen
Einfache Modelle für Kinder
(**5156**-5) Von W. Schimmelpfennig, 32 S., 11 Farbfotos, 31 Zeichnungen, mit Vorlagebogen, kart. ●

Das große farbige
Bastelbuch für Kinder
(**4254**-X) Von U. Barff, I. Burkhardt, J. Maier, 224 S., 157 Farbf., 430 Farb- und 60 s/w-Zeichn., m. Schnittmusterbg., Pappband. ●●●

Origami
Tiere aus aller Welt
(**5250**-2) Von J. Maier, 32 S., 19 Farbfotos, 68 Farb- u. 16 s/w-Zeichnungen, kart. ●

Hobby Origami
Papierfalten für groß und klein
(**0756**-6) Von Z. Aytüre-Scheele, 80 S., 820 Farbfotos, kart. ●●

Neue zauberhafte Origami-Ideen
Papierfalten für groß und klein
(**0805**-8) Von Z. Aytüre-Scheele, 80 S., 720 Farbfotos, kart. ●●

Zauberwelt Origami
Tierfiguren aus Papier
(**1045**-1) Von Z. Aytüre-Scheele, 80 S., 660 Farbfotos, kartoniert. ●●

Kreatives Gestalten mit **Papiermaché**
(**5246**-4) Von B. Jetzek-Berkenhaus, 32 S., ca. 50 Farbf., mit Vorlagebg. in Originalgröße, kartoniert. ●

Marmorieren
Muster · Techniken · Gestaltungsideen
(**5247**-2) Von T. Hartel, 32 S., ca. 50 Farbf., mit Vorlagebg. in Originalgröße, kart. ●

Heut basteln wir mit Pappe und Papier
(**4413**-5) Von U. Barff, J. Maier, 224 S., 117 Farbfotos, 480 Farbzeichn., 25 s/w-Abb., mit Schnittmusterbogen, Pappband. ●●●

Das große farbige Bastel- und Werkbuch
(**4439**-9) Von D. Rex, 256 S., 999 Farbfotos, 33 Farbzeichnungen, Pappband. ●●●●

Mein liebstes Spiel- und Bastelbuch
Die Welt der Dinosaurier
Tiere und Landschaften zum Selbermachen
Ausbrechen, aufstellen, spielen
(**4478**-X) Von B. Burkart, 8 Blatt mit herauslösbaren Motiven, 280-g-Karton mit Stanzung, 8 S. Bastelanleitung und Sachinformation. ●●

Das große farbige
Dinosaurierbastelbuch
(**4686**-3) Von S. Koter, ca. 128 S., zahlr. Farbabb., Vorlagebogen, Pappband. ●●●

Fensterbilder in Scherenschnitt
(**5169**-7) Von A. Hahn, 32 S., 52 Farbfotos, 3 s/w-Fotos, mit Vorlagebogen in Originalgröße, kartoniert. ●

Fensterbilder
Meine Lieblingstiere
(**5197**-2) Von Y. Thalheim, H. Nadolny, 32 S., 38 Farbfotos, mit Vorlagebogen in Originalgröße, kartoniert. ●

Fensterbilder Lustige Tiere
(**5210**-3) Von F. Michalski, 32 S., 47 Farbfotos, mit Vorlagebogen in Originalgröße, kart. ●

Fensterbilder Bauernhof
(**5264**-2) Von D. Köhnen, 32 S., zahlr. Farbabb., Vorlagebogen, kartoniert. ●

Fensterbilder Dinosaurier
(**5260**-X) Von C. Hüfner, 32 S., 8 Farbfotos, 47 Farbzeichnungen, Bastelbogen, kart. ●

Mit Farben und Papieren
Fenster dekorieren
(**5255**-3) Von K. Groß, 32 S., 8 Farbfotos, 59 Farbzeichnungen, kart. ●

Originelle Fensterbilder
aus Tonpapier und Tonkarton
(**1305**-1) Von D. Köhnen, 64 S., 70 Farbfotos, kartoniert. ●●

Die schönsten Fensterbilder
(**1066**-4) Von C. Kimmerle, 64 S., 100 Farbfotos, 7 Zeichnungen, kartoniert. ●●

Das Fensterbilder-Alphabet
Basteln mit Kindern ab 5 Jahren
(**5242**-1) Von E. Bohne, 32 S., ca. 50 Farbabb., mit Vorlagebogen in Originalgröße, kart. ●

Märchenhafte Fensterbilder
(**5185**-9) Von J. Maier, 32 S., 37 Farbfotos, mit Vorlagebogen in Originalgröße, kart. ●

Fensterbilder Blumen und Tiere
(**5186**-7) Von M. Twachtmann, 32 S., 41 Farbfotos, 3 Zeichnungen, mit Vorlagebogen in Originalgröße, kartoniert. ●

Fensterbilder rund um die Welt
(**1411**-2) Von D. Köhnen, ca. 64 S., 2 Vorlagebogen, kartoniert. ●●

Fensterbilder Zahlen
(**5268**-5) Von E. Bohne, 32 S., zahlr. Farbabbildungen, Vorlagebogen, kartoniert. ●

Fensterbilder Strand und Meer
(**5266**-9) Von B. Alex, 32 S., 57 Farbfotos, Vorlagebogen, kartoniert. ●

Fensterschmuck
Originelle Ideen für Dekorationen und Fensterbilder
(**1241**-1) Von D. Köhnen, 64 S., ca. 70 Farbfotos, Vorlagebogen, kart. ●●

Papierflieger
(**5157**-3) Von T. Gött, 32 S., 73 Farbfotos, 19 Zeichnungen, mit Vorlagebogen in Originalgröße, kart. ●

Windspielzeug
Bastelspaß mit Kindern ab 5 Jahren
(**5241**-3) Von D. Köhnen, 32 S., ca. 50 Farbabb., mit Vorlagebogen in Originalgröße, kartoniert. ●

Flieger und Schiffe aus Papier
falten, ausbalancieren und steuern
(**1410**-4) Von C. Hüfner, ca. 80 S., zahlr. Farbabb., kartoniert. ●●

Faltschnitte
(**5257**-X) Von B. Blankenburg, 32 S., 12 Farbfotos, 42 Farbzeichnungen, Vorlagebogen, kartoniert. ●

Laternen und Lampions
(**5206**-5) Von C. Hüfner, 32 S., 60 Farbfotos, mit Vorlagebogen in Originalgröße, kart. ●

Mobiles aus Papier
(**5183**-2) Von J. Maier, 32 S., 17 Farbfotos, 35 Farbzeichnungen, mit Vorlagebogen in Originalgröße, kartoniert. ●

Tiermobiles
(**5258**-8) Von C. Hüfner, 32 S., 57 Farbzeichnungen, Vorlagebogen, kart. ●

Bastelideen für Indianerspiele
(**5252**-9) Von B. Nelich, D. Velte, 32 S., 38 Farbfotos, Vorlagebogen, kart. ●

Der große Verkleidungsspaß
Kinderkostüme
(**1304**-3) Von C. Baumgarten, 53 Farbfotos, 183 Farbzeichn., Vorlagebogen, kart. ●●

Schachteln basteln und dekorieren
(**5170**-0) Von Chr. Adjano, 32 S., 55 Farbfotos, mit Vorlagebogen in Originalgröße, kart. ●

Lustige Geschenk- und Schultüten
(**5263**-4) Von F. Michalski, 32 S., 26 Farbfotos, Vorlagebogen, kartoniert. ●

Deco Art
Die Kunst, Geschenke zu verpacken
(**0949**-6) Von B. Niermann, 80 S., 78 Farbfotos, 191 Zeichnungen, kart. ●●

Geschenke wunderschön verpacken
(**1113**-X) Von P. Jansen, 80 S., 79 Farbfotos, 166 Farbzeichnungen, kart. ●●

Geschenke umweltfreundlich verpacken
(**1240**-3) Von P. Jansen, 64 S., vierfarbige Fotos und Illustrationen, kart. ●●

Geldgeschenke
phantasievoll gestalten
(**5251**-0) Von P. Jansen, 32 S., 49 Farbfotos, Vorlagebogen, kart. ●

Geldgeschenke · Gutscheine · Geschenkanhänger
originell gestalten und verpacken
(**1115**-6) Von S. Haenitsch-Weiß, A. Weiß, 80 S., 176 Farbfotos, kart. ●●

Geschenke verpacken für Kinderfeste
(**5195**-6) Von C. Netolitzky, 32 S., 43 Farbf., mit Vorlagebogen in Originalgröße, kart. ●

Originelles Ambiente für Gäste
Festdekorationen
(**1049**-4) Von B. Niermann, 80 S., 125 Farbfotos, 59 Farbzeichn., kartoniert. ●●

ekorative Schleifen
us Bändern und Papier
5205-7) Von M. Schorege, 32 S., 28 Farbotos, 31 Farbzeichnungen, mit Vorlagebogen Originalgröße, kartoniert. ●

ekorieren und Arrangieren mit
eidenblumen
5200-6) Von M. L. Sprang, 32 S., 37 Farbotos, 14 Farbzeichnungen, mit Vorlagebogen Originalgröße, kartoniert. ●

chmuck- und Glückwunschkarten
apierarchitektur · Collagen · Faltschnittkarten
114-8) Von C. Sanladerer, 64 S., 55 Farbotos, 31 Zeichnungen, kart. ●●

inladungs-, Tisch- und Menükarten
elbst gestalten
1302-7) Von S. Haenitsch-Weiß, 80 S., ahlreiche Farbabbildungen, kart. ●●

er neue Bastelspaß
loosgummi
1354-X) Von S. Boczkowski-Sigges, 64 S., ahlr. Farbabb., kartoniert. ●●

sterschmuck
Ieue Ideen für Kränze, Sträuße, Gestecke
5267-7) Von I. Gleim, ca. 32 S., zahlreiche arbabbildungen, kartoniert. ●

stereier originell dekorieren
5219-7) Von W. Velte, 32 S., 44 Farbfotos, nit Vorlagebogen in Originalgröße, kart. ●

ekorationen für Ostern
5198-0) Von Y. Thalheim, H. Nadolny, 32 S., 8 Farbfotos, mit Vorlagebogen in Originalröße, kartoniert. ●

ensterbilder für die Osterzeit
5244-8) Von R. Lübke, D. Lübke, 32 S., ca. 0 Farbfotos, mit Vorlagebogen in Originalröße, kart. ●

asteln für Ostern
5164-6) Von Chr. Adjano, 32 S., 47 Farbfotos, nit Vorlagebogen in Originalgröße, kart. ●

stereier
asteln mit Kindern ab 5 Jahren
5243-X) Von Vera Ettelt, 32 S., mit Spieleogen, kartoniert. ●

ischdekorationen für Ostern
5220-0) Von Chr. Adjano, 32 S., 49 Farbotos, mit Vorlagebogen in Originalgröße, artoniert. ●

asteln und dekorieren für
dvent und Weihnachten
4446-1) Von G. Teusen, C. Netolitzky, 176 S., 85 Farbfotos, mit Bastelvorlagebogen, appband. ●●●

inderbastelbuch
ür Advent und Weihnachten
4687-1) Von S. Wetzel-Maesmanns, 104 S., a. 120 Farbfotos, ca. 300 Anleitungsillustraonen, Vorlagebogen, Pappband. ●●

ustige Bastelideen für die
Veihnachtszeit
5256-1) Von B. Löschenkohl, 32 S., 8 Farbf., 9 Farbzeichn., Vorlagebogen, kart. ●

asteln für Weihnachten
5162-X) Von Chr. Adjano, 32 S., 44 Farbfotos, nit Vorlagebogen in Originalgröße, kart. ●

ensterbilder Winter und Weihnachten
5275-8) Von F. Michalski, 48 S., ca. 28 Farbotos, Vorlagebogen, kartoniert. ●

ensterdekorationen für die Veihnachtszeit
5181-6) Von Y. Thalheim, H. Nadolny, 32 S., 3 Farbfotos, mit Vorlagebogen in Originalröße, kartoniert. ●

ensterbilder für Advent und Veihnachten
5211-1) Von M. Schorege, 32 S., 24 Farbfotos, 5 Zeichnungen, mit Vorlagebogen in Originalgröße, kartoniert. ●

Strohsterne
in bunter Vielfalt
(**5273**-1) Von M. Schorege, 48 S., zahlr. Farbabb., Vorlagebogen, kartoniert. ●

Adventskalender
(**5178**-6) Von Y. Thalheim, H. Nadolny, 32 S., 35 Farbfotos, mit Vorlagebogen in Originalgröße, kartoniert. ●

Duftender Weihnachtsschmuck
aus Tonpapier und Potpourris
(**5254**-1) Von S. Wetzel-Maesmanns, 32 S., 38 Farbfotos, Vorlagebogen, kartoniert. ●

Duftsträuße und Potpourris
(**1239**-X) Von A. Effelsberg, 80 S., ca. 200 vierfarbige Abb., kartoniert. ●●

Potpourris
Rezepturen und Geschenkideen
(**5265**-0) Von U. Altmann, 32 S., zahlr. Farbabb., kartoniert. ●

Trockenblumenideen
Gewürzsträuße, Gestecke, Kränze, Buketts
(**0643**-8) Von R. Strobel-Schulze, 88 S., 170 Farbfotos, kartoniert. ●●

Phantasievolles Schminken
Verzauberte Gesichter für Maskeraden, Laienspiele und Kinderfeste
(**0907**-0) Hrsg.: H. u. Y. Nadolny, 64 S., 227 Farbfotos, kartoniert. ●●

Schminken für Kinder
(**5177**-8) Von Y. Thalheim, H. Nadolny, 32 S., 68 Farbfotos, mit Vorlagebogen in Originalgröße, kartoniert. ●

Do it yourself und Technik

Moderne Fotopraxis
(**4401**-1) Von G. Koshofer, Prof. H. Wedewardt, 224 S., 363 Farbfotos, 106 s/w-Fotos, 5 Farb- und 24 s/w-Zeichnungen, Pappband. ●●●●

Mach dir ein Bild
Praxistips für Foto, Film und Video
(**4410**-0) Von G. Staab, 208 S., 202 Farbfotos, 175 s/w-Fotos, 1 Zeichnung, Pappband. ●●●●

So macht man bessere Fotos
(**1158**-X) Von G. Koshofer, 144 S., 259 Farbfotos, 25 s/w-Fotos, kartoniert. ●●

Videografieren
Filmen mit Video 8. Technik – Bildgestaltung – Schnitt – Vertonung.
(**0843**-0) Von M. Wild, K. Möller, 120 S., 101 Farbfotos, 22 s/w-Fotos, 52 Zeichnungen, kart. ●●●

Videografieren perfekt
Profitricks für Aufnahmetechnik und Nachbearbeitung
(**0969**-0) Von W. Schild, 120 S., 144 Farbabb., 5 s/w-Zeichnungen, kart. ●●●

Videofilmen wie ein Profi
Technik · Motive · Filmaufbau · Nachbearbeitung
(**4506**-9) Von T. Pehle, 232 S., 444 Farbfotos, 61 zweifbg. Zeichnungen, Pappband. ●●●●

Do it yourself
Heimwerken
(**4117**-9) Von T. Pochert, 456 S., 1103 Farbfotos, 100 Farbabb., Pappband. ●●●●

Drechseln
Material · Technik · Beispiele
(**1306**-X) Von O. Maier, 72 S., 195 Farbabbildungen, 14 s/w-Zeichnungen, kart. ●●

Do it yourself
Dachgeschoß- und Innenausbau
(**1243**-8) Von M. Maurer, 96 S., 314 Farbf., 35 Zeichn., kartoniert. ●●

Do it yourself
Sanitärinstallationen
(**1118**-0) Von W. Kawlath, 96 S., 214 Farbabbildungen, kartoniert. ●●

Do it yourself
Metall bearbeiten
(**1119**-9) Von O. Maier, 96 S., 230 Farbfotos, 6 s/w-Zeichnungen, kartoniert. ●●

Do it yourself
Elektroarbeiten
(**0975**-5) Von K. H. Schubert, 120 S., 193 Farbfotos, 40 Zeichnungen, kartoniert. ●●

Möbel im Designer-Stil
entwerfen und bauen
(**1360**-4) Von H.-W. Bastian, ca. 64 S., zahlr. Farbabb., kartoniert. ●●●

Schnitzen
Hölzer · Muster · Werkzeuge
(**1414**-7) Von O. Maier, ca. 64 S., zahlr. Farbabb., kartoniert. ●●

Modellbauelektronik
Fernsteuerungen für Autos, Schiffe, Flugzeuge
(**1361**-2) Von W. Kawlath, 80 S., zahlr. Farbabbildungen, kartoniert. ●●

Alarmanlagen
für Wohnung, Haus, Auto
(**1308**-6) Von H.-W. Bastian, 64 S., 81 Farbf., 32 Zeichn., kartoniert. ●●

Hifi-Boxen
(**1307**-8) Von U. Hilgefort, 96 S., 160 Farbf., 49 Zeichn., kart. ●●

Technik im Garten
Pumpen · Filter · Beleuchtung
(**1238**-1) Von H.-W. Bastian, 64 S., 90 Farbf., 17 Farbzeichnungen, kartoniert. ●●

Restaurieren von Möbeln
Stilkunde, Materialien, Techniken, Arbeitsanleitungen in Bildfolgen.
(**4120**-9) Von E. Schnaus-Lorey, 152 S., 37 Farbf., 75 s/w-Fotos, 352 Zeichnungen, Pappband. ●●●●

Elektronik als Hobby
Von der Grundlagenschaltung zum integrierten Schaltkreis
Mit 8 wichtigen Universalplatinen
(**4293**-0) Von W. Priesterath, 264 S., 80 s/w-Fotos, 128 Zeichn., Pappband. ●●●●

Die Super-Sportwagen der Welt
(**4423**-2) Von H. G. Isenberg, 194 S., 184 Farbfotos, 4 farbige Ausklapptafeln, 32 s/w-Fotos, Pappband. ●●●●

Die Super-Rennwagen der Welt
(**4707**-X) Von H. G. Isenburg, 194 S., 189 Farbfotos, 31 s/w-Fotos, Pappband. ●●●●

Die Super-Trucks der Welt
(**4257**-4) Von H. G. Isenberg, 194 S., 205 Farbfotos, 87 s/w-Fotos, 7 Farbzeichnungen, 4 farb. Ausklapptafeln, Pappband. ●●●●

Die Super-Motorräder der Welt
(**4193**-4) Von H. G. Isenberg, 192 S., 170 Farb- und 100 s/w-Fotos, 8 Zeichnungen, Pappband. ●●●●

Die Super-Eisenbahnen der Welt
(**4287**-6) Von W. Kosak, H. G. Isenberg, 224 S., 269 Farbfotos, 79 s/w-Fotos, 8 Vignetten, 5 farb. Ausklapptafeln, Pappband. ●●●●

Die Super-Dampfloks der Welt
(**4480**-1) Von H. Faust, H. G. Isenberg, 194 S., 193 Farbfotos, mit vier Ausklapptafeln, Pappband. ●●●●

Plastikmodellbau
Autos, Schiffe, Flugzeuge in vollendeter Technik.
(**1116**-4) Von W. Kawlath, 96 S., 272 Farbabbildungen, kartoniert. ●●

Spiele und Denksport

Spielbare Witze für Kinder
(**0824**-4) Von H. Schmalenbach, 112 S., 30 Zeichnungen, kart. ●

Neue spielbare Witze für Kinder
(**1173**-3) Von H. Schmalenbach, 96 S., 31 Zeichnungen, kart. ●

Scherzfragen, Drudel und Blödeleien
gesammelt von Kindern.
(**0506**-7) Hrsg. von W. Pröve, 80 S., 57 Zeichnungen, kart. ●

Kinderspiele
die Spaß machen
(**2009**-0) Von H. Müller-Stein, 104 S., 28 Abbildungen, kart. ●

Kinderspiele mit Buchstaben und Wörtern
(**1041**-9) Von Dr. U. Vohland, 96 S., 54 Zeichnungen, kartoniert. ●

Spiel und Spaß am Krankenbett
für Kinder und die ganze Familie
(**2035**-X) Von H. Bücken, 96 S., 97 Zeichnungen, kart. ●

Spiele im Freien
(**2038**-4) Von G. Wagner, 88 S., 20 zweif. Zeichnungen, kartoniert. ●

Spiel und Spaß zu Hause
(**2039**-2) Von U. Geißler, 80 S., 90 zweifbgAbbildungen, kartoniert. ●

Spiel und Spaß auf Reisen
Für Kinder und die ganze Familie
(**1085**-0) Von U. Geißler, 80 S., 107 zweifbg.-Zeichnungen, kartoniert. ●

Kleine Spiele ganz groß
(**1330**-2) Von U. Vohland, 80 S., 93 s/w-Zeichnungen, kart. ●

Entdeckungsspiele für die ganze Familie
Rallyes zu Fuß und mit dem Fahrrad
(**1393**-0) Von U. Vohland, 96 S., 117 Zeichnungen, kartoniert. ●●

Kinder spielen Theater
(**4696**-0) Von G. Walter, 160 S., zahlr. Farbabb., Pappband. ●●●

Guten Tag, Kinder!
Neue Texte mit Spielanleitungen fürs Kasperletheater.
(**0861**-9) Von U. Lietz, 96 S., 18 s/w-Zeichnungen, kart. ●

Kasperletheater
Spieltexte und Spielanleitungen · Basteltips für Theater und Puppen.
(**0641**-1) Von U. Lietz, 114 S., 4 Farbtafeln, 12 s/w-Fotos, 39 Zeichnungen, kart. ●

Kindergeburtstage, die keiner vergißt
Planung, Gestaltung, Spielvorschläge.
(**0698**-5) Von G. und G. Zimmermann, 104 S., 80 Vignetten, kart. ●

Kindergeburtstag
Vorbereitung, Spiel und Spaß.
(**0287**-4) Von Dr. I. Obrig, 136 S., 40 Abb., 11 Zeichn., 9 Lieder mit Noten, kart. ●●

Unvergeßliche Kindergeburtstage
(**4705**-3) Von G. Hennekemper, 176 S., 116 Farbfotos, 134 Farbzeichn., Pappband. ●●●

Unvergeßliche Kinderfeste
Tolle Dekorationen, Spiele, Sketche für drinnen und draußen
(**4457**-7) Von Dr. G. Hennekemper, 192 S., 111 Farbfotos, 214 Farb- und 14 s/w-Zeichn., 4 S. Schnittmuster, Pappband. ●●●

Spielen mit den Allerkleinsten
(**4691**-X) Von S. Horak, ca. 112 S., zahlr. Farbabb., Pappband. ●●●

Lauter tolle Sachen, die Kinder gerne machen
(**4731**-2) Hrsg. U. Barff., 352 S., 117 Farbf., 778 Farbzeichn., Pappband. ●●●

Das große bunte Spielebuch
für Kinder von 2 bis 6 Jahren
(**4543**-3) Von R. Grabbet, 160 S., 312 Farbabbildungen, Pappband. ●●●

Neues Buch der siebzehn und vier Kartenspiele
(**0095**-2) Von K. Lichtwitz, 96 S., kartoniert. ●

Alles über Pokern
Regeln und Tricks.
(**2024**-4) Von C. D. Grupp, 112 S., 29 Kartenbilder, kart. ●

Rommé und Canasta
in allen Variationen.
(**2025**-2) Von C. D. Grupp, 88 S., 24 Zeichnungen, kart. ●

Doppelkopf, Schafkopf, Binokel, Cego, Tarock und andere Stammtischspiele.
(**2015**-5) Von C. D. Grupp, 112 S., kart. ●

Black Jack
Regeln und Strategien des Kasinospiels.
(**2032**-3) Von K. Kelbratowski, 88 S., kart. ●

Das Skatspiel
Eine Fibel für Anfänger
(**0206**-8) Von K. Lehnhoff, 96 S., kartoniert. ●

Spielend Skat lernen
unter freundlicher Mitarbeit des Deutschen Skatverbandes
(**2005**-8) Von Th. Krüger, 120 S., 181 s/w-Fotos, 22 Zeichn., kart. ●●

Patiencen
in Wort und Bild. (**2003**-1) Von I. Wolter-Rosendorf, 120 S., kart. ●

Neue Patiencen
(**2036**-8) Von H. Sosna, 160 S., 43 Farbtafeln, kart. ●●

Spielend Bridge lernen
(**2012**-0) Von J. Weiss, 96 S., 58 Zeichnungen, kartoniert. ●

Spieltechnik im Bridge
(**2004**-X) Von V. Mollo und N. Gardener, dt. Adaption von D. Schröder, 152 S., kart. ●●●

Neue Kartentricks
(**2027**-9) Von K. Pankow, 104 S., 20 Abb., kart. ●

Das japanische Brettspiel Go
(**2020**-1) Von W. Dörholt, 104 S., 182 Diagramme, kart. ●

Spielend Go lernen
(**2041**-4) Von H. Otake, S. Futakuchi, ca. 186 S., kartoniert.

Mah-Jongg
Das chinesische Glücks-, Kombinations- und Gesellschaftsspiel. (**2030**-9) Von U. Eschenbach, 80 S., 30 s/w-Fotos, 5 Zeichn., kart. ●

Backgammon
für Anfänger und Könner. (**2008**-2) Von G. W. Fink und G. Fuchs, 104 S., 41 Abb., kart. ●

Einführung in das Schachspiel
(**0104**-5) Von W. Wollenschläger und K. Colditz, 112 S., 116 Diagramme, kart. ●

Schach, das königliche Spiel
Von den Grundzügen zum strategischen Spiel.
(**1105**-9) Von T. Schuster, 192 S., 302 Diagramme, kart. ●●

Spielend Schach lernen
(**2002**-3) Von T. Schuster, 96 S., , kartoniert. ●

Kinder- und Jugendschach
Offizielles Lehrbuch des Deutschen Schachbundes zur Erringung der Bauern-, Turm- und Königsdiplome.
(**0561**-X) Von B. J. Withuis, H. Pfleger, 144 S., 220 Zeichnungen und Diagramme, kart. ●●

**Zug um Zug
Schach für jedermann 1**
Offizielles Lehrbuch des Deutschen Schachbundes zur Erringung des Bauerndiploms.
(**0648**-9) Von H. Pfleger, E. Kurz, 80 S., 24 s/w-Fotos, 8 Zeichnungen, 60 Diagramme, kartoniert. ●

**Zug um Zug
Schach für jedermann 2**
Offizielles Lehrbuch des Deutschen Schachbundes zur Erringung des Turmdiploms.
(**0659**-4) Von H. Pfleger, E. Kurz, 128 S., 7 s/w-Fotos, 13 Zeichn., 78 Diagr., kart. ●●

**Zug um Zug
Schach für jedermann 3**
Offizielles Lehrbuch des Deutschen Schachbundes zur Erringung des Königsdiploms.
(**0728**-0) Von H. Pfleger, G. Treppner, 128 S., 4 s/w-Fotos, 84 Diagr., 10 Zeichn., kart. ●●

Schach für Fortgeschrittene
Taktik und Probleme des Schachspiels
(**0219**-X) Von R. Teschner, 88 S., 85 Diagramme, kartoniert. ●

Neue Schacheröffnungen
(**0478**-8) Von T. Schuster, 104 S., 100 Diagramme, kart. ●

Würfelspiele
für jung und alt. (**2007**-4) Von F. Pruss, 112 S., 21 s/w-Zeichnungen, kart. ●

Roulette richtig gespielt
Systemspiele, die Vermögen brachten.
(**0121**-5) Von M. Jung, 96 S., zahlreiche Tabellen, kart. ●

Spiele für Party und Familie
(**2014**-7) Von Rudi Carrell, 80 S., 22 Zeichnungen, kart. ●

Neue Spiele für Ihre Party
(**2022**-8) Von G. Blechner, 120 S., 54 Zeichnungen, kartoniert. ●

Lustige Tanzspiele und Scherztänze
für Partys und Feste.
(**0165**-7) Von E. Bäulke, 80 S., 53 Abb., kart. ●

Das Spiel mit der Schwerkraft
Jonglieren
Mit Bällen, Keulen, Ringen und Diabolo.
(**1009**-5) Von S. Peter, 80 S., 149 Farbfotos, kartoniert. ●

Zaubern
einfach – aber verblüffend.
(**2018**-X) Von D. Bouch, 84 S., 41 Zeichnungen, kart. ●

Tips, Tricks und Gewinnstrategien für Game-Boy-Spiele
(**1235**-7) Von René Zey, 176 S., 100 Zeichnungen, kart. ●●

Neue Game-Boy-Spiele
Sport, Action und Adventure
(**1325**-6) Von R. Zey, 176 S., 21 s/w-Zeichnungen, kart. ●●

Alles über Super-Nintendo-Spiele
Technik, Tips und Facts
(**1340**-X) Von D. Mark, 104 S., zahlreiche Farbabbildungen, kart. ●●

Das 3. Glücksrad Rätselbuch
(**1391**-4) Ca. 176 S., kartoniert. ●●

Rätselspiele
Quiz- und Scherzfragen für gesellige Stunden
(**1270**-5) Von K. H. Schneider, ca. 80 S., ca. 80 s/w-Abb., kart. ●

Knobeleien und Denksport
(**2019**-8) Von K. Rechberger, 142 S., 105 Zeichnungen, kart. ●

So feiert man Feste fröhlicher
Heitere Vorträge und Gedichte
(**0098**-7) Von Dr. Allos, 96 S., 15 Abb., kart. ●

Die große Lachparade
Neue Texte für heitere Vorträge und Ansagen
(**0188**-6) Von E. Müller, 80 S., kart. ●

Rat und Wissen

Der gute Ton
n Gesellschaft und Beruf.
0063-4) Von I. Wolter, 80 S., 42 s/w-Fotos, 7 Zeichnungen, kartoniert. ●

Der gute Ton
m Privatleben.
1111-3) Von I. Wolter, bearbeitet von Wolf Stenzel, 104 S., 42 s/w-Abb., kart. ●

Umgangsformen heute
Die Empfehlungen des Fachausschusses für Umgangsformen.
4015-6) 252 S., 108 s/w-Fotos, 17 Zeichnungen, Pappband. ●●●

Benehmen bei Tisch
0988-7) Von I. Cording, 80 S., 90 Farbfotos, 5 s/w-Zeichnungen, kartoniert. ●●

Krawatten
Fliegen, Schals und Tücher gekonnt binden
1072-9) Von Y. Thalheim, H. Nadolny, 48 S., 29 Farbfotos, 1 s/w-Foto, Pappband. ●

Freundin
Farbberatung
Alle Farben, die Ihnen wirklich stehen
4520-4) Von Chr. Buscher, 128 S., 175 Farbfotos, Pappband. ●●●●

Freundin
Das perfekte Make-up
4727-4) Von M. Rüdiger, H. Kirchberger, G. Mergenburg, 128 S., 271 Farbfotos, Pappband. ●●●●

Freundin Ratgeber
Hochzeit feiern
4702-2) Von C. von Hoerner-Nitsch, I. Weber, K. Riebartsch, C. von Bernuth, 128 S., 88 Farbf., 28 s/w-Fotos, Pappband. ●●●●

Freundin
Typ & Frisur
4695-2) Von E. Bolz, 128 S., zahlr. Farbabb., Pappband. ●●●●

Gedichte, Reden und Sketche
für grüne, silberne u. goldene Hochzeitstage
1269-1) Von F. Rieder, 160 S., durchgehend vierfarbig, Pappband. ●●

Wir heiraten
Ratgeber zur Vorbereitung und Festgestaltung der Verlobung und Hochzeit.
4188-8) Von C. Poensgen, 216 S., 3 s/w-Fotos, 30 s/w-Zeichnungen, 8 Farbtafeln, Pappband. ●●●

Von der Verlobung zur Goldenen Hochzeit
0393-5) Von E. Runge, 112 S., kartoniert. ●

Hochzeitszeitungen
Tolle Ideen für Leute von heute
1379-5) Ca. 80 S., zahlr. zweifbg. Abbildungen, kartoniert. ●●

Die Silberhochzeit
Vorbereitung · Einladung · Geschenkvorschläge · Dekoration · Festablauf · Menüs · Reden · Glückwünsche. (0542-3) Von K. F. Merkle, 112 S., 41 Zeichnungen, kart. ●

Geburtstagsfeiern für jedes Alter
Planung und Festgestaltung
1382-5) Von S. Ahrndt, 120 S., 145 Farbfotos, 28 Farbzeichnungen, kart. ●●

Geburt und Taufe feiern
Planung und Festgestaltung
1443-0) Von S. Ahrendt, ca. 128 S., ca. 90 Farbabb., kartoniert. ●●

Wie soll es heißen?
0211-4) Von D. Köhr, 136 S., kartoniert. ●

Unsere beliebtesten Vornamen
1023-0) Von A. F. W. Weigel, 160 S., 75 s/w-Fotos, Pappband. ●●

Kindergedichte, Lieder und Sketche für Hochzeitsfeiern
(1112-1) Von B. Lins, 72 S., 26 farbige Abbildungen, 15 Lieder, kartoniert. ●

Neue Kindergedichte und Lieder für Hochzeitsfeste
(1431-7) Von A. Schweiggert, ca. 80 S., kart. ●

Kindergedichte rund ums Jahr
(1040-0) Von A. Schweiggert, 80 S., 49 Zeichnungen, 6 Vignetten, kartoniert. ●

Ins Gästebuch geschrieben
(0576-8) Von K. H. Trabeck, 96 S., 24 Zeichnungen, kartoniert. ●

Der Verseschmied
Kleiner Leitfaden für Hobbydichter.
(0597-0) Von T. Parisius, 96 S., 28 Zeichnungen, kartoniert. ●

Mach' dir einen Reim
Der moderne Verseschmied
(1433-3) Von G. Rudorf, ca. 160 S., Pappband. ●●

Die schönsten Volkslieder
(0432-X) Hrsg. D. Walther, 128 S., mit Noten und Zeichnungen, kartoniert. ●

Alte und neue
Wanderlieder
(1268-3) Von P. G. Walter, 96 S., zweifarbig, kartoniert. ●●

Neue Glückwunschfibel
für groß und klein.
(0156-8) Von R. Christian-Hildebrandt, 96 S., 13 Vignetten, kartoniert. ●

Großes Buch der Glückwünsche
(0255-6) Hrsg. von O. Fuhrmann, 176 S., 77 Zeichnungen und viele Gestaltungsvorschläge, kartoniert. ●●

Wetter und Wind ändern sich geschwind
Beliebte Bauernregeln
(1267-5) Von G. Haddenbach, ca. 80 S., ca. 30 zweifarbige Illustrationen, kart. ●

Beliebte Verse fürs Poesiealbum
Rosen, Tulpen, Nelken...
(0431-1) Von W. Pröve, 96 S., 11 Faksimile-Abb., kartoniert. ●

Verse fürs Poesiealbum
(0241-6) Von I. Wolter, 120 S., 20 Abbildungen, kartoniert. ●

Heiter und besinnliche
Verse fürs Poesiealbum
(1069-9) Von B. H. Bull, 160 S., 70 zweifarbige Illustrationen, Pappband. ●●

Klassische Verse und Zitate
Für Glückwünsche, Briefe, Reden und Poesiealben
(1223-3) Von P. Motzan, 224 S., 40 Abbildungen, Pappband. ●●

Die Kunst der freien Rede
Ein Intensivkurs mit vielen Übungen, Beispielen und Lösungen.
(4189-6) Von G. Hirsch, 232 S., 11 Zeichnungen, Pappband. ●●●

Trinksprüche, Gästebuchverse, Richtsprüche
(0224-6) Von D. Kellermann, 96 S., kart. ●

Glückwünsche, Toasts und Festreden zu Polterabend und Hochzeit
(0264-5) Von I. Wolter, 112 S., 18 Zeichnungen, kartoniert. ●

Trinksprüche und Festreden
(1321-3) Von L. Metzner, 144 S., 13 zweifarbige Zeichnungen, Pappband. ●●

Grußworte
für Gemeindefeiern, Vereinsjubiläen und andere offizielle Anlässe
(4741-X) Von M. Adam, 192 S., ca. 15 Illustrationen, Pappband. ●●

Moderne Reden und Ansprachen
(4742-8) Von M. Adam, 464 S., Pappband. ●●●●

Reden zu Familienfesten
Musteransprachen für viele Gelegenheiten
(0675-6) Von G. Georg, 112 S., kartoniert. ●

Reden im Verein
Musteransprachen für viele Gelegenheiten
(0703-5) Von G. Georg, 112 S., kartoniert. ●

Reden zum Jubiläum
Musteransprachen für viele Gelegenheiten
(0595-4) Von G. Georg, 112 S., kartoniert. ●

Reden und Sprüche zu Grundsteinlegung, Richtfest und Einzug
(0598-0) Von A. Bruder, G. Georg, 96 S., kartoniert. ●

Die überzeugende Rede
Mehr Erfolg durch bessere Rhetorik
(0076-6) Von K. Wolter, G. Kunz, 96 S., kartoniert. ●

Moderne Korrespondenz
Handbuch für erfolgreiche Briefe
(4014-8) Von H. Kirst und W. Manekeller, 544 S., Pappband. ●●●●

Musterbriefe
für alle Gelegenheiten.
(0231-9) Hrsg. von O. Fuhrmann, 240 S., kartoniert. ●●

Der moderne Brief
Geschäfts- und Privatkorrespondenz empfängerorientiert schreiben
(144C-6) Von Dr. G. Reinert-Schneider, ca. 144 S., ca. 15 s/w-Zeichn., kartoniert. ●●

Geschäftsbriefe
zeitgemäß und stilsicher
(1323-X) Von G. Briese-Neumann, 152 S., kartoniert. ●●

Geschäftliche Briefe
für Privatleute, Handwerker und Kaufleute
(0041-3) Von G. Briese-Neumann, ca. 120 S., kartoniert. ●

FALKEN-Software
Musterkorrespondenz in Deutsch, Englisch, Französisch, Italienisch, Spanisch
(7041-1) Diskette 5 1/4" für IBM-PC + Kompatible, mit Begleitbroschüre. ●●●●*
(7051-9) Diskette 3 1/2" für IBM-PC + Kompatible, mit Begleitbroschüre. ●●●●*

Privatbriefe
Muster für alle Gelegenheiten.
(0114-2) Von I. Wolter-Rosendorf, 112 S., kartoniert ●

Erfolgstips für den Schriftverkehr
Briefgestaltung · Rechtschreibung · Zeichensetzung · Stil. (0678-0) Von U. Schoenwald, 112 S., kart. ●

Behördenkorrespondenz
Musterbriefe · Anträge · Einsprüche
(0412-5) Von E. Ruge, 112 S., kart. ●

Worte und Briefe der Anteilnahme
(0464-8) Von E. Ruge, M. Adam, 88 S., mit vielen Abb., kart. ●

Briefe zu Geburt und Taufe
Glückwünsche und Danksagungen. (0802-3) Von H. Beitz, 96 S., 12 Zeichnungen, kart. ●

FALKEN Rechtsberater
Fallbeispiele · Musterbriefe · Gerichtsurteile
(4734-7) Hrsg. S. von Hasseln, 756 S., Pappband. ●●●●

Alles, was man über Erziehungsgeld, Mutterschutz, Erziehungsurlaub wissen muß
Das neue Recht für Eltern
(0835-X) Von K. Möcks, A. Schmitt, 144 S., kartoniert. ●●

Alles, was man über die nichteheliche Lebensgemeinschaft wissen muß
(1071-0) Von T. Drewes, 104 S., 8 s/w-Zeichnungen, kartoniert. ●●

Scheidung und Unterhalt
nach dem neuen Eherecht.
(0403-6) Von T. Drewes, 112 S., mit Kosten und Unterhaltstabellen, kart. ●

Alles, was man über Scheidung und Unterhalt wissen muß
(**1264**-0) Von T. Drewes, 128 S., kart. ●●

Alles, was man über Renten wissen muß
Mit Rentenreformgesetz 1992
(**1265**-9) Von K. Möcks, A. Schmitt, 112 S., kartoniert. ●●

Wolfgang Büsers Erfolgstips
Rentenreform '92
(**1244**-6) Von W. Büser, 80 S., kartoniert. ●

Wolfgang Büsers Erfolgstips
Teilzeitarbeit
(**1266**-7) Von W. Büser, 80 S., kart. ●●

Wolfgang Büsers Erfolgstips
(Lohn-) Einkommensteuer '92
Aktuell: Zinssteuer '93
(**1324**-8) Von W. Büser, 176 S., kart. ●●

Vermögensbildung mit System
Anlageformen · Strategien · Praxistips
(**1445**-7) Von W. Schwanfelder, ca. 160 S., kartoniert. ●●

Alles, was man über BAföG wissen muß
(**1387**-6) Von A. Mengeringhausen, 144 S., kartoniert. ●●

Testament und Erbschaft
Erbfolge, Rechte und Pflichten der Erben, Erbschafts- und Schenkungssteuer, Mustertestamente. (**4139**-X) Von T. Drewes, R. Hollender, 304 S., Pappband. ●●●

Erbrecht und Testament
(**0046**-4) Von H. Wandrey, 124 S., kart. ●

Alles, was man über Testament und Erbschaft wissen muß
(**0939**-9) Von T. Drewes, 136 S., 9 s/w-Zeichnungen, kart. ●●

Mietrecht
Leitfaden für Mieter und Vermieter
(**0479**-6) Von J. Beuthner, 196 S., kart. ●●

Haushaltstips
praktisch und umweltfreundlich
(**1046**-X) Von K. Winkell, 96 S., 36 Zeichnungen, kartoniert. ●

Texte für den Anrufbeantworter
(**1389**-2) Von G. Kunz, 80 S., 12 s/w-Zeichnungen, kartoniert. ●

Alles, was man über den Umgang mit Behörden wissen muß
(**1390**-6) Von K. Möcks, A. Schmitt, 132 S., kartoniert. ●●

Wege zum Börsenerfolg
Aktien · Anleihen · Optionen
(**4275**-2) Von H. Krause, 252 S., 4 s/w-Fotos, 86 Zeichnungen, Pappband. ●●●●

FALKEN-Software
Börsenfieber
Spielend spekulieren mit Geld und Aktien
(**7016**-0) IBM-PC und Kompatible, Diskette 5 1/4", mit Begleitheft, ●●●●●*
(**7044**-6) für IBM-PC + Kompatible, Diskette 3 1/2", mit Begleitheft. ●●●●●*

FALKEN Software
Broker King
Cash und crash an der Terminbörse. Mit Warentermingeschäft und Optionshandel
(**7058**-6) Diskette 3 1/2" für IBM-PC + Kompatible, mit Begleitbroschüre. ●●●●●*

Wörter und Unwörter
Sinniges und Unsinniges der deutschen Gegenwartssprache
(**1401**-7) Hrsg. Gesellschaft für deutsche Sprache, 176 S., kartoniert. ●●●

Richtige Groß- und Kleinschreibung
durch neue, vereinfachte Regeln. Erläuterungen der Zweifelsfragen anhand vieler Beispiele.
(**0897**-X) Von Prof. Dr. Ch. Stetter, 96 S., kartoniert. ●

Gutes Deutsch schreiben und sprechen
(**4432**-1) Von W. Manekeller, Dr. G. Reinert-Schneider, 416 S., durchgehend zweifarbig, Pappband. ●●●●

Mehr Erfolg in der Schule
Deutsche Rechtschreibung und Grammatik
Übungen und Beispiele für die Klassen 5–10.
(**4407**-0) Von K. Schreiner, 256 S., durchgehend zweifarbig, Pappband. ●●●●

Diktate besser schreiben
Übungen zur Rechtschreibung für die Klassen 4 bis 8
(**0469**-9) Von K. Schreiner, 152 S., 31 Zeichnungen, kartoniert. ●●

FALKEN Software
Deutsche Grammatik
Mit fremdsprachiger Bedienerführung
(**7079**-9) Disk. 5 1/4" für IBM-PC + Kompatible, mit Begleitheft. ●●●●●*
(**7080**-9) Disk. 3 1/2" für IBM-PC + Kompatible, mit Begleitheft. ●●●●●*

Deutsche Grammatik
Ein Lern- und Übungsbuch
(**0704**-3) Von K. Schreiner, 122 S., kart. ●●

Aufsätze besser schreiben
Förderkurs für die Klassen 4–10
(**0429**-X) Von K. Schreiner, 144 S., 31 Abb., kartoniert. ●●

Mehr Erfolg in der Schule
Der Deutschaufsatz
Übungen und Beispiele für die Klassen 5–10.
(**4271**-X) Von K. Schreiner, 240 S., 4 s/w-Fotos, 51 Zeichnungen, Pappband. ●●●●

Mehr Erfolg in der Schule
Deutsch
Textinterpretation, Literaturgeschichte und Stilkunde
(**4483**-6) Von K. Schreiner, 272 S., 43 zweifarbige Zeichnungen, Pappband. ●●●●

Mehr Erfolg in der Schule
Deutsche Rechtschreibung und Grammatik
(**4407**-0) Von K. Schreiner, 256 S., Pappband. ●●●●

Gedächtnistraining mit Eselsbrücken
(**1388**-4) Von W. Ettig, 96 S., 36 s/w-Zeichnungen, kartoniert. ●

Geschichte
Von der Französischen Revolution bis zur Gegenwart
(**4723**-1) Von K. Schreiner, 256 S., 50 s/w-Fotos, 10 Farbzeichnungen, 6 zweifarbige Landkarten, Pappband. ●●●●

Geographie
Natürliche Grundlagen · Gestaltung der Umwelt · Die Staaten der Erde
(**4724**-X) Von V. Disch, 256 S., ca. 40 Karten und Grafiken, Pappband. ●●●●

Mehr Erfolg in der Schule
Mathematik 1
Arithmetik und Algebra. Übungen, Beispiele und Lösungen für die Klassen 5 bis 10.
(**4420**-8) Von R. Müller-Fonfara, 256 S., 193 Zeichn., 2 s/w-Fotos, Pappband. ●●●●

Mehr Erfolg in der Schule
Mathematik 2
Geometrie, Statistik, Wahrscheinlichkeitsrechnung und kaufmännisches Rechnen
(**4456**-9) Von R. Müller-Fonfara, W. Scholl, 256 S., 6 s/w-Fotos, 304 Zeichnungen, Pappband. ●●●●

Mathematische Formeln für Schule und Beruf
Mit Beispielen und Erklärungen.
(**0499**-0) Von R. Müller-Fonfara, 156 S., 210 Zeichnungen, kart. ●●

Schülerlexikon der Mathematik
Formeln, Übungen und Begriffserklärungen für die Klassen 5–10
(**0430**-3) Von R. Müller-Fonfara, 176 S., 96 Zeichnungen, kartoniert. ●●

Mehr Erfolg in der Schule
Mathematik 3
Analysis, analytische Geometrie und lineare Algebra
(**4541**-7) Von R. Müller-Fonfara, W. Scholl, 240 S., 140 zweifbg. Grafiken, Pappband. ●●●●

Mehr Erfolg in der Schule
Mathematik 4
Für die Klassen 11 bis 13
(**4701**-0) Von R. Müller-Fonfara, W. Scholl, 240 S., 91 Zeichnungen, 3 s/w-Fotos, Pappband. ●●●●

Mathematik-Textaufgaben leicht gelöst
Aufgaben · Lösungsstrategien · Anwendungsbeispiele
(**1022**-2) Von R. Müller-Fonfara, 128 S., 4 Zeichnungen, kartoniert. ●●

Rechnen aufgefrischt für Schule und Beruf
(**0100**-2) Von H. Rausch, 144 S., kart. ●

Mehr Erfolg in der Schule
Physik
Mechanik · Wärmelehre · Optik · Elektrizität · Atomphysik
(**4448**-8) Von Dr. T. Neubert. 240 S., 219 Zeichnungen, Pappband. ●●●●

Physik verständlich
Förderkurs für die Klassen 7 bis 10
(**0926**-7) Von Dr. Th. Neubert, 136 S., 146 s/w-Zeichn., 166 Aufgaben, kart. ●●

Besseres Englisch
Grammatik und Übungen für die Klassen 5 bis 10.
(**0745**-0) Von E. Henrichs, 144 S., kart. ●●

Mehr Erfolg in der Schule
Englisch
Textinterpretationen
(**4518**-2) Von E. Heinrichs-Kleinen, 256 S., Pappband. ●●●●

Mehr Erfolg in der Schule
Englische Grammatik
Regeln und Übungen für die Klassen 5 bis 13
(**4431**-3) Von E. Henrichs-Kleinen, 256 S., durchgehend zweifarbig, Pappband. ●●●●

FALKEN Software
Business English for Secretaries
Lernen und üben in berufsbezogenen Situationen (**7035**-7) Diskette 5 1/4" für IBM-PC + Kompatible, mit Begleitbroschüre. ●●●●●
(**7059**-4) Diskette 3 1/2" für IBM-PC + Kompatible, mit Begleitbroschüre. ●●●●●*

FALKEN Software
The Grammar-Master
Englische Grammatik üben und beherrschen
(**7002**-0) Diskette für den C 64/C 128 PC ●●●●*
(**7030**-6) Diskette für IBM-PC + Kompatible, mit Begleitheft. ●●●●*

FALKEN-Software
Vokabeltrainer Englisch
Von B. Hoppius. (**7001**-2) 2 Disketten für C 64/C 128 PC mit Begleitheft. ●●●●*
(**7034**-9) Diskette 5 1/4" für IBM-PC + Kompatible, mit Begleitheft. ●●●●*
(**7084**-5) Diskette 3 1/2" für IBM-PC + Kompatible, mit Begleitheft. ●●●●*

FALKEN-Software
Vokabeltrainer Französisch
Über 2000 Vokabeln und Redewendungen frei erweiterbar
(**7019**-5) Diskette 5 1/4" für IBM-PC und Komp., mit Begleitheft. ●●●●●*

FALKEN-Software
Je finis, tu finis…
maitrisez la grammaire française
Französische Grammatik lernen und beherrschen
(**7053**-5) Diskette 5 1/4" für IBM-PC + Kompatible, mit Begleitbroschüre. ●●●●*
(**7069**-1) Diskette 3 1/2" für IBM-PC + Kompatible, mit Begleitbroschüre. ●●●●*

ALKEN-Software
e monde des affaires en français
/irtschaftsfranzösisch leicht gelernt
'054-3) Diskette 5 1/4" für IBM-PC + Kompa-ble, mit Begleitbroschüre. ●●●●●*
'068-3) Diskette 3 1/2" für IBM-PC + Kompa-ble, mit Begleitbroschüre. ●●●●●*

esseres Französisch
rammatik und Übungen für die Klassen 9 is 11
039-7) Von R. Lübke, 114 S., durchgehend weifarbig, kartoniert. ●●

lehr Erfolg in der Schule
ranzösische Grammatik
ür die Klassen 7 bis 13
4703-7) Von R. Lübke, ca. 256 S., durchge-end zweifarbig, Pappband. ●●●●

ALKEN-Software
'okabeltrainer Italienisch
ber 2000 Vokabeln und Redewendungen ei erweiterbar.
7065-9) Diskette 5 1/4" für IBM-PC + Kompa-ble, mit Begleitbroschüre. ●●●●*
7064-0) Diskette 3 1/2" für IBM-PC + Kompa-ble, mit Begleitbroschüre. ●●●●*

ALKEN-Software
'okabeltrainer Latein
ber 2000 Vokabeln und Redewendungen ei erweiterbar
7033-0) Diskette 5 1/4" für IBM-PC + Kompa-ble, mit Begleitheft. ●●●●*
7085-3) Diskette 3 1/2" für IBM-PC + Kompa-ble, mit Begleitheft. ●●●●*

chnell und sicher zum Führerschein
ips und Tricks aus 30jähriger-Fahrlehrer-raxis.
4232-2) Von O. Einert, 152 S., 156 Farbfotos, 61 z.T. farb. Zeichnungen, kart. ●●

Der Test-Knacker bei Führerscheinverlust
1262-4) Von T. Rieh, 128 S., kart. ●●

Erfolgreiche Bewerbung um einen usbildungsplatz
0715-9) Von H. Friedrich, 128 S., kart. ●

Bewerbungsstrategien
Erfolgreiche Konzepte für Karrierebewußte
1027-3) Von Dr. W. Reichel, 128 S., kart. ●●

Karriereplanung mit System
Bewerbungsstrategien für Frauen
4455-0) Von R. Ibelgaufts, 144 S., 20 Cartoons, Pappband. ●●

Die Bewerbung
Der moderne Ratgeber für Bewerbungsbriefe, Lebenslauf und Vorstellungsgespräche.
4138-1) Von W. Manekeller, 264 S., Pappband. ●●●

Die erfolgreiche Bewerbung
Bewerbung und Vorstellung
0173-8) Von W. Manekeller, U. Schoenwald, 144 S., kartoniert. ●●

Lebenslauf und Bewerbung
Beispiele für Inhalt, Form und Aufbau
0428-1) Von H. Friedrich, 112 S., kart. ●

Bewerbungsbriefe und Stellengesuche
Für handwerkliche, gewerblich-technische und kaufmännische Berufe
0138-X) Von Dr. W. Reichert, ca. 96 S., kartoniert. ●

Erfolgreiche Bewerbungsbriefe und Bewerbungsformen
0138-X) Von W. Manekeller, U. Schoenwald, 88 S., kartoniert. ●

Das überzeugende
Vorstellungsgespräch
Erfolgreiche Strategien für den ersten Eindruck
1261-6) Von R. Ibelgaufts, 144 S., kart. ●●

Vorstellungsgespräche
sicher und erfolgreich führen.
0636-5) Von H. Friedrich, 144 S., kart. ●

Einstellungstests und andere Methoden der Bewerberauswahl
(**1263**-2) Von Dr. R. Hilke, H. Hustedt, 160 S., 27 Zeichnungen, kart. ●●

Keine Angst vor Einstellungstests
Ein Ratgeber für Bewerber.
(**0793**-6) Von Ch. Titze, 120 S., 67 Zeichnungen, kartoniert. ●

freundin Ratgeber
Psychoterror am Arbeitsplatz
Mobbing
(**1434**-1) Von B. Huber, ca. 144 S., kart. ●●

freundin
Kind und Beruf:
(K)ein Problem
(**1322**-1) Von I. Weber, 168 S., 14 Zeichnungen, kartoniert. ●●

freundin Ratgeber
Neu um Job:
So überzeugen Sie
(**1259**-4) Von G. Teusen, 160 S., kart. ●●

Die ersten Tage am neuen Arbeitsplatz
Ratschläge für den richtigen Umgang mit Kollegen und Vorgesetzten
(**0855**-4) Von H. Friedrich, 104 S., kart. ●

Zeugnisse im Beruf
richtig schreiben, richtig verstehen
(**0544**-X) Von H. Friedrich, 112 S., kart. ●

Arbeitszeugnisse
verstehen und interpretieren
(**1444**-9) Von A. Nasemann, ca. 112 S., kartoniert. ●●

So lernt man leicht und schnell
Maschinenschreiben
Lehrbuch für Schulen, Lehrgänge und Selbstunterricht. (**0568**-7) Von M. Kempkes, 112 S., 48 Zeichnungen, kartoniert. ●●

FALKEN-Software
Maschinenschreiben und Tastaturtraining für Computer
(**7009**-8) Von B. Hoppius, Diskette 5 1/4" u. 3 1/2" für IBM-PC + Kompatible, mit Begleitheit. ●●●●●*

Leicht und schnell gelernt
Maschinenschreiben im Selbstunterricht
(**0170**-3) Von O. Fonfara, 88 S., kartoniert. ●

Buchführung leicht gemacht
Ein methodischer Grundkurs für den Selbstunterricht (**4238**-8) Von D. Machenheimer, R. Kersten, 252 S., Pappband. ●●●●

Buchführung leicht gefaßt
Für Handwerker, Gewerbetreibende und freiberuflich Tätige.
(**0127**-4) Von R. Pohl, 104 S., kartoniert. ●

Stenografie leicht gelernt
im Kurus oder Selbstunterricht
(**0266**-1) Von H. Kaus, 64 S., kartoniert. ●

Gitarre spielen
Ein Grundkurs für den Selbstunterricht
(**0534**-2) Von A. Roßmann, 96 S., 1 Schallfolie, 150 Zeichnungen, kart. ●●●

Faszinierendes Erlebnis
Tierwelt
(**4706**-1) Von U. und W. Dolder, 196 S., 314 Farbzeichnungen, Pappband. ●●●●

Mein Dschungelbuch
(**4537**-9) Von W. Fend, 360 S., 561 Farbfotos, Pappband. ●●●●

Das große Buch der
Antworten auf Kinderfragen
(**4477**-1) Von H. Hofmann, U. Kopp, G. Jankovics u.a., 192 S., 308 Farbzeichnungen, Pappband. ●●●

Spiele des Lebens?
Verhaltensweisen und Überlebenskampf der Tiere
(**4524**-7) Von D. Attenborough, 320 S., 163 Farbfotos, Pappband. ●●●●

FALKEN LEXIKON
Das Wissen unserer Zeit
(**4736**-3) Hrsg. Lexikographisches Institut, 1008 S., ca. 3000 Farbabb., Karten und Tabellen, Pappband. ●●●●

Das neue, farbige
Jugendlexikon
(**4472**-0) Von J. Frey, D. Rex, 304 Seiten, 269 und 52 s/w-Fotos, 6 Farbzeichn., Pappband. ●●●●

Das große farbige Kinderlexikon
(**4195**-0) Von U. Kopp, 320 S., 493 Farbabb., 17 s/w-Fotos, Pappband. ●●●

Briefmarken sammeln
(**0481**-8) Von D. Stein, 120 S., 4 Farbtafeln, 98 s/w-Abbildungen, kartoniert. ●

Umweltexperimente für Kinder und Jugendliche
(**4708**-8) Von F. Jantzen, ca. 80 S., ca. 100 farbige Fotos und Zeichnungen, Pappband. ●●●

Telefonkartenlexikon für Sammler
(**1406**-6) Von M. Burzan, ca. 160 S., zahlr. Farbabb., kartoniert. ●●●

Telefonkarten sammeln
Serien · Preise · Sammeltips
(**1326**-4) Von M. Burzan, 128 S., 251 Farbfotos, kart. ●●

Die Handschrift als Spiegel des Charakters
Graphologie
(**1025**-7) Von Dr. W. Busch, 104 S., 87 Schriftproben, kartoniert. ●

Familienforschung · Ahnentafel · Wappenkunde
Wege zur eigenen Familienchronik
(**0744**-2) Von P. Bahn, 128 S., 8 Farbtafeln, 30 Abbildungen, kart. ●●

Familienforschung und Wappenkunde
(**4485**-2) Von P. Bahn, 224 S., 114 zweifarbige Abbildungen, Pappband. ●●●●●

freundin Ratgeber
Allein auf Achse
(**1260**-8) Von H. Guilino, 176 S., kart. ●●

Brain Building
Das Supertraining für Gedächtnis, Logik, Kreativität
(**4704**-5) Von M. vos Savant, 256 S., Pappband. ●●●

Traumdeutung
Die Bildersprache unserer Traumwelt entschlüsseln
(**4486**-0) Von G. Fink, 384 S., 74 zweifarbige Fotos, Pappband. ●●●●

Kinderträume
Ein Ratgeber für Eltern
(**4505**-0) Von G. Fink, ca. 176 S., Pappband. ●●●

Wahrsagen
mit den Karten der Madame Lenormand
(**1328**-0) Von B. A. Mertz, 108 S., 39 s/w-Abbildungen, kartoniert. ●●

Wahrsagen mit Tarot-Karten
(**0482**-6) Von E. J. Nigg, 112 S., 52 s/w-Abb., Pappband. ●

Die 12 Tierzeichen
Chinesisches Horoskop
(**0423**-0) Von G. Haddenbach, 88 S., kartoniert. ●

Partnerschaftshoroskop
Glück und Harmonie mit Ihrem Traumpartner.
(**0587**-3) Von G. Haddenbach, 112 S., 11 Zeichnungen, kartoniert. ●

Im Zeichen der Sterne
(**0951**-8) Der feurige Widder
(**0952**-6) Der willensstarke Stier
(**0953**-4) Die vielseitigen Zwillinge
(**0954**-2) Der feinfühlige Krebs
(**0955**-0) Der königliche Löwe
(**0956**-9) Die zuverlässige Jungfrau
(**0957**-7) Die charmante Waage
(**0958**-5) Der leidenschaftliche Skorpion
(**0959**-3) Der temperamentvolle Schütze
(**0960**-7) Der treue Steinbock
(**0961**-5) Der selbstbewußte Wassermann
(**0962**-3) Die romantischen Fische
Von G. Haddenbach, 64 S., 35 Farbfotos, Pappband. ●

Essen und Trinken

Unsere Kochschule
(**4526**-3) Von M. Kaltenbach, F. W. Ehlert, 308 S., 736 Farbfotos, Pappband. ●●●●

Kochen für 1 Person
Rationell wirtschaften, abwechslungsreich und schmackhaft zubereiten.
(**0586**-5) Von M. Nicolin, 104 S., 8 Farbtafeln, 23 Zeichnungen, kart. ●

Rezepte für 1 Person
(**1294**-2) Hrsg. M. Sauerborn, 64 S., 75 Farbfotos, kartoniert. ●

Schnell und individuell
Die raffinierte Single-Küche
(**4266**-3) Von F. Faist, 160 S., 151 Farbfotos, Pappband. ●●●●

Für Kenner und Genießer **Lamm**
(**1090**-7) Von H. Imhof, 64 S., 50 Farbfotos, Pappband. ●

Frischer Fang aus Fluß und Meer **Fisch**
(**0964**-X) Von L. Grieser, 48 S., 52 Farbfotos, Pappband. ●●

Zart und edel
Lachs
(**1403**-1) Von H. Imhof, 64 S., ca. 50 Farbfotos, Pappband. ●●

Geflügelgerichte
(**1348**-5) Hrsg. E. Meyer zu Stieghorst, 64 S., 71 Farbfotos, kartoniert. ●

Gaumenfreuden Tag für Tag
Pfannengerichte
(**1007**-9) Von S. Fabke, 64 S., 54 Farbfotos, Pappband. ●●

Schnitzel, Steaks & Co.
(**1417**-1) Von N. Frank, 64 S., ca. 50 Farbfotos, kartoniert. ●

Köstliches aus dem Tontopf
(**1332**-9) Hrsg. S. Kieslich, 64 S., ca. 50 Farbfotos, kartoniert. ●

Aus eigener Küche **Gute Wurst**
(**0948**-8) Von J. Bessel, G. Quaas, 80 S., 8 Farbtafeln, kart. ●

Aus lauter Lust und Liebe **Knoblauch**
(**0867**-8) Von L. Reinirkens, 64 S., 45 Farbfotos, Pappband. ●●

Bintje, Irmgard und Sieglinde
Kartoffeln
(**1032**-X) Von S. Fabke, 64 S., 43 Farb- und 1 s/w-Foto, Pappband. ●

Kartoffelgerichte
(**1297**-7) Hrsg. I. Feldhaus, 64 S., 64 Farbfotos, kartoniert. ●

Nudelgerichte
(**1293**-4) Hrsg. E. Fuhrmann, 64 S., 66 Farbfotos, kartoniert. ●

Pasta in Höchstform **Nudeln**
(**0884**-8) Von M. Kirsch, 64 S., 62 Farbfotos, Pappband. ●●

Reis
Basmati, Patna und Arborio
(**1209**-8) Von K. Iden, 64 S., ca. 50 Farbfotos, Pappband. ●●

Kräftig klar und cremig zart **Feine Suppen**
(**1031**-1) Von H. Imhof, 64 S., 48 Farbfotos, Pappband. ●

Spezialitäten unter knuspriger Decke
Aufläufe
(**0882**-1) Von C. Adam, 48 S., 33 Farbfotos, Pappband. ●●

Aufläufe
(**1295**-0) Hrsg. E. Fuhrmann, 64 S., 62 Farbfotos, kartoniert. ●

Die Krönung der feinen Küche **Saucen**
(**0817**-1) Von G. Cavestri, 48 S., 40 Farbfotos, Pappband. ●●

Schlank und köstlich **Spargel**
(**1005**-2) Von M. Kirsch, 64 S., 44 Farbfotos, Pappband. ●●

Von Aubergine bis Zucchini **Gemüse**
(**1061**-3) Von H. Cohrs, 64 S., 39 Farbfotos, Pappband. ●

Gemüsegerichte
(**1347**-7) Hrsg. E. Fuhrmann, 64 S., 58 Farbfotos, kartoniert. ●

Gemüseaufläufe
(**1365**-5) Hrsg. E. Fuhrmann, 64 S., ca. 50 Farbfotos, kartoniert. ●

Statt Breakfast und Lunch **Brunch**
(**1033**-8) Von C. Adam, 64 S., 49 Farbfotos, Pappband. ●

Genießen unter freiem Himmel
Picknick
(**1208**-X) Von A. Ilies, 64 S., ca. 50 Farbfotos, Pappband. ●●

Die schönsten Rezepte für
Frühstück und Brunch
(**1063**-X) Von K. Kruse-Schorling, 80 S., 8 Farbtafeln, kart. ●

Schnelle Küche
Für 2 Personen
(**4718**-5) freundin-Kochstudio, 80 S., 105 Farbf., Pappband. ●●

Kochen auf der richtigen Welle im
Grill-Mikrowellengerät
(**1395**-7) Von T. Peters, 96 S., 79 Farbfotos, kartoniert. ●●

Fritieren
(**1350**-7) Hrsg. I. Teitge, 64 S., ca. 50 Farbfotos, kartoniert. ●

Schnell auf den Tisch gezaubert
Kochen mit Mikrowellen
(**0818**-X) Von A. Danner, 64 S., 52 Farbfotos, Pappband. ●

Italienische Vorspeisen **Antipasti**
(**1006**-0) Von S. Reiter-Westphal, 64 S., 47 Farbfotos, Pappband. ●●

Italienische Küche
(**1299**-3) Hrsg. E. Fuhrmann, 64 S., 65 Farbfotos, kartoniert. ●

Schlemmerreise durch die
Italienische Küche
(**4172**-1) Von V. Pifferi, 160 S., 109 Farbfotos, Pappband. ●●●●

Spaghetti, Tagliatelle + Co.
Pasta all'Italiana
(**1004**-4) Von I. Seyric, 64 S., 57 Farbfotos, Pappband. ●●

Pizza
(**1352**-3) Hrsg. M. Sauerborn, 64 S., 72 Farbfotos, kartoniert. ●

Tradition mit Charme
Wiener Spezialitäten
(**1343**-4) Von G. Scolik, 64 S., 46 Farbfotos, Pappband. ●●

Schlemmerreise durch die
Französische Küche
(**4296**-5) Von H. Imhof, 160 S., 147 Farbfotos, 3 s/w-Fotos, Pappband. ●●●●

Schlemmerreise durch die
Spanische Küche
(**4500**-X) Von A. Puente, 160 S., ca. 120 Farbfotos, Pappband. ●●●●

Vom Bosporus zum Ararat
Türkische Spezialitäten
(**1191**-1) Von S. Dogan, 64 S., 44 Farbfotos, Pappband. ●●

Indische Küche
(**1404**-X) Von C. Zingerling, 64 S., ca. 50 Farbfotos, kartoniert. ●

Schlemmerreise durch die
Thailändische Küche
(**4722**-3) Von C. Zingerling, 144 S., 164 Farbf., Pappband. ●●●●

Köstlich fernöstlich
Asiatische Spezialitäten
(**1286**-1) Von M. Carroll, E. Mognol, 64 S., 49 Farbf., Pappband. ●●

Chinesische Küche
(**1289**-6) Hrsg. M. Sauerborn, 64 S., 73 Farbfotos, kartoniert. ●

Schlemmerreise durch die
Chinesische Küche
(**4184**-5) Von K. H. Jen, 160 S., 117 Farbfotos, Pappband. ●●●

Gerichte aus dem
Wok
(**1291**-8) Hrsg. M. Sauerborn, 64 S., 76 Farbfotos, kartoniert. ●

Mit Lust und Liebe **Chinesisch Kochen**
(**4441**-0) Von Ho Fu-Lung, Uli Franz, 176 S., 189 Farbfotos, 29 Zeichnungen, Pappband. ●●●●

Fernöstliche Küche
(**1384**-1) Hrsg. R. Faller, 64 S., ca. 50 Farbfotos, kartoniert. ●

Rezepte für Tisch- und Gartengrill
(**1351**-3) Hrsg. V. Müller, 64 S., 59 Farbfotos, kartoniert. ●

Braten auf dem heißen Stein
(**1300**-0) Hrsg. R. Donhauser, 64 S., 56 Farbfotos, kartoniert. ●

Rezepte rund um Raclette und Doppeldecker
(**0420**-6) Von J.W. Hochscheid, 72 S., 8 Farbtafeln, kartoniert. ●

Schlemmen in geselliger Runde
Fleischfondues
(**0966**-6) Von M. Spötter, 64 S., 62 Farbfotos, Pappband. ●●

Fondues und Raclettes
(**4253**-1) Von F. Faist, 160 S., 125 Farbfotos, Pappband. ●●●●

Fondues
(**1298**-5) Hrsg. E. Meyer zu Stieghorst, 64 S., 69 Farbf., kart. ●

Rezepte fürs Raclette
(**1290**-X) Hrsg. S. Kieslich, 64 S., 59 Farbfotos, kartoniert. ●

Schmelzendes Käsevergnügen **Raclette**
(**0881**-3) Von F. Faist, 48 S., 33 Farbfotos, Pappband. ●

Gartenfrisch genießen
Feine Salate
(**4450**-X) Von P. Nikolay, 160 S., 122 Farbfotos, Pappband. ●●●●

Köstliche Salate
zum Verwöhnen
(**0222**-X) Von Chr. Schönherr, 96 S., 8 Farbtafeln, 30 Zeichnungen, kartoniert. ●

Salate
(**1346**-9) Hrsg. E. Furhmann, 64 S., 62 Farbfotos, kartoniert. ●

Frisch und leicht als Hauptgericht
Schlemmersalate
(**0934**-8) Von C. Adam, 64 S., 49 Farbfotos, Pappband. ●●

östlich frisch auf den Tisch
ohkostsalate
)865-1) Von C. Adam, 48 S., 26 Farbfotos,
appband. ●●

esund und vielseitig **Alles mit Joghurt**
iglich selbstgemacht, mit vielen Rezepten
)382-6) Von G. Volz, 64 S., 8 Farbtafeln,
artoniert. ●

ocker, flockig, leicht...
lüsli & Co
)965-8) Von C. Adam, 64 S., 42 Farbfotos,
appband. ●●

ärenstark und kerngesund
ollwertkost für Kinder
)968-2) Von S. Reiter, 64 S., 44 Farbfotos,
appband. ●●

esunde Ernährung für mein Kind
)776-6) Von M. Bustorf-Hirsch, 112 S.,
Farbtafeln, 5 s/w-Zeichnungen, kart. ●●

ßschule
esunde Ernährung für Kinder im Grund-
chulalter
314-0) Von A. Roßmeier, 80 S., 44 Farbf.,
0 fbg. Vignetten, Pappband. ●●

ieblingsgerichte für Kinder
lit Sonderteil: Gesunde Kost für Babys ab 6
lonaten
497-6) Von G. Righi-Spanfellner, 112 S., 27
arbzeichnungen, Pappband. ●●●

as essen Kinder gern
405-8) Hrsg. S. Faust, 64 S., ca. 50 Farbotos, kartoniert. ●

lit Lust und Liebe...
ollwertküche für Genießer
412-4) Von Prof. Dr. C. Leitzmann,
. Million, 256 S., 329 Farbfotos,
appband. ●●●●

egetarisch kochen und genießen
lle Gerichte für 2 Personen
715-0) Von Prof. Dr. C. Leitzmann,
. Dittrich, C. u. G. Kurz, 128 S., 132 Farbf.,
appband. ●●●●

as große FALKEN
itaminkochbuch
ir Genießer
714-2) Von Prof. Dr. troph. M. Hamm,
. Roßmeier, ca. 208 S., zahlr. Farbabb.,
appband. ●●●●

ie feine Vegetarische Küche
235-3) Von F. Faist, 160 S., 191 Farbfotos,
appband. ●●●●

chmackhafte Vollwertkost ohne
erisches Eiweiß
)993-3) Von M. Bustorf-Hirsch, 96 S.,
4 Farbfotos, kartoniert. ●●

holesterinarm kochen und genießen
442-9) Von R. Unsorg, 168 S., 132 Farbotos, kartoniert. ●●●●

ie aktuelle **Cholesterintabelle**
088-5) Von Dr. H. Oberritter, 84 S.,
2 zweifarbige Grafiken, kartoniert. ●

ie aktuelle Vitamin- und
lineralstofftabelle
lit Angaben zu den wichtigsten Vitaminen
nd Mineralstoffen
110-5) Von Dr. H. Oberritter, 88 S., 1 zwei-
arbige Grafik, kart. ●

ie aktuelle E-Zusatzstoff-Tabelle
lber 750 Angaben zu Herkunft, Verwendung
nd möglichen Nebenwirkungen
233-0) Von T. Pilgram, E. Dahl, 80 S., zwei-
arbig, kartoniert. ●

ollwertküche für Diabetiker
östlich kochen und backen für die ganze
amilie
473-9) Von Prof. Dr. C. Leitzmann, Prof. Dr.
. Laube, H. Million, 168 S., 172 Farbfotos,
Zeichnungen, Pappband. ●●●●

Kochen und backen für Diabetiker
Gesund und schmackhaft für die ganze Familie
(**4467**-4) Von Dr. med. M. Toeller, W. Schumacher, A. Groote, Dr. troph. A. Klischan, 176 S., 182 Farbfotos, Pappband. ●●●●

Würzig kochen ohne Salz
(**0922**-4) Von S. Roediger-Streubel, 160 S., 16 Farbtafeln, kartoniert. ●●

Die Sojaküche
Gesund und abwechslungsreich essen
(**0553**-9) Von U. Kolster, 80 S., 8 Farbtafeln, kartoniert. ●

Gesund kochen mit Keimen und Sprossen
(**0794**-9) Von M. Bustorf-Hirsch, 96 S., 4 Farbtafeln, 13 s/w-Zeichnungen, kart. ●

Keime und Sprossen in der Naturküche
(**4299**-X) Von M. Bustorf-Hirsch, 96 S., 144 Farbfotos, Pappband. ●●●

Waffeln
Hörnchen, Pfannkuchen und Crèpes.
(**0522**-9) Von C. Stephan, 64 S., 8 Farbtafeln, kartoniert. ●

Waffeln
(**1296**-9) Hrsg. L. Steiger, 64 S., 73 Farbfotos, kartoniert. ●

Mehr Freude und Erfolg beim
Brotbacken
(**4148**-9) Von A. und G. Eckert, 160 S., 177 Farbfotos, Pappband. ●●●●

Meine Vollkornbackstube
Brot · Kuchen · Aufläufe. (**0616**-0) Von R. Raffelt, 96 S., 4 Farbtafeln, 12 Zeichnungen, kartoniert. ●

Meine Weihnachtsbackstube
(**5163**-8) Von M. Sauerborn, 32 S., 23 Farbfotos, mit Vorlagebogen in Originalgröße, kartoniert. ●

Mit Honig, Nuß und Mandelkern
Weihnachtsplätzchen
(**1287**-X) Von H. Jaacks, 64 S., 48 Farbf., Pappband. ●●

Backen ohne Zucker
(**1234**-9) Von H. Erkelenz, 80 S., 8 Farbtafeln, kart. ●

Süße Verführungen **Desserts**
(**0885**-6) Von M. Bacher, 64 S., 75 Farbfotos, Pappband. ●

Süße Geheimnisse eiskalt gelüftet
Eis und Sorbets
(**0870**-8) Von H. W. Liebheit, 48 S., 38 Farbfotos, Pappband. ●●

Raffiniertes mit
Eis
Drinks/Desserts/Eissorten
(**1029**-X) Von F. Hoffmann, 64 S., 74 Farbfotos, Pappband. ●●

Haltbarmachen in der Öko-Küche
Gesunde Konservierungsmethoden für Obst, Gemüse, Kräuter und Pilze. (**0923**-2) Von M. Bustorf-Hirsch, 120 S., 92 Farbabbildungen, kartoniert. ●●

Komm, koch und back mit mir
Kunterbuntes Kochvergnügen für Kinder. (**4285**-X) Von S. und H. Theilig, illustriert von B. v. Hayek, 112 S., 45 Farbabb., Pappband. ●●

Lieblingsgerichte für Kinder
Kerngesund und kunterbunt
(**4497**-6) Von G. Righi-Spanfellner, 112 S., 27 Farbzeichnungen, Pappband. ●●●

Lirum, larum, Löffelstiel...
Kinder kochen mit Knuddel
(**1094**-X) Von U. Bültjer, 80 S., 27 zweifarbige Zeichnungen, kartoniert. ●

Backe, backe Kuchen...
Kinder backen mit Knuddel
(**1301**-9) Von U. Bültjer, 64 S., 34 Farbf., 60 Farbzeichn., kartoniert. ●

Mit Lust und Liebe
Garnieren und Verzieren
Dekoratives zu vielen Anlässen
(**4496**-8) Von M. Müller, E. Pratsch, H. Krieg, 160 S., ca. 100 Farbfotos, Pappband. ●●●●

Mit Lust und Liebe **Kalte Platten & Buffets**
Anrichten und Garnieren
(**4427**-5) Von P. Grotz, 176 S., 228 Farbfotos, Pappband. ●●●●

Garnieren und Verzieren
(**4236**-1) Von R. Biller, 160 S., 329 Farbfotos, 57 Zeichnungen, Pappband. ●●●●

Köstlichkeiten für Gäste und Feste
Kalte Platten
(**4200**-0) Von I. Pfliegner, 160 S., 130 Farbfotos, Pappband. ●●●●

Wenn Gäste kommen...
Kalte Küche
(**1060**-5) Von A. Ilies, 64 S., 49 Farbfotos, Pappband. ●

Raffiniert und vielseitig
Toasts und Sandwiches
(**1109**-1) Von R. und T. Donhauser, 64 S., 52 Farbfotos, Pappband. ●●

Sandwichtoasts
(**1331**-0) Von F. Faist, 64 S., ca. 50 Farbfotos, kartoniert. ●

Quiches, Tartes
und andere pikante Kuchen
(**1407**-4) Hrsg. I. Teitge, 64 S., ca. 50 Farbfotos, kartoniert. ●

freundin
Snacks
(**4521**-2) Von V. Müller, 80 S., 87 Farbfotos, Pappband. ●●●

Raffiniert kombiniert, schön dekoriert
Käseplatten
(**1192**-X) Von S. Carlsson, 64 S., 57 Farbfotos, Pappband. ●●

Festlich kochen und Backen
für Advent und Weihnachten
(**4443**-7) Von A. Guter, 96 S., 66 Farbfotos, 1 s/w-Foto, Pappband. ●●●

FALKEN
Festival der schön gedeckten Tische
(**4738**-X) Von A. F. Endress, ca. 202 S., ca. 80 Farbfotos, 4 Ausklapptafeln, Pappband. ●●●●

Der perfekt gedeckte Tisch
(**1028**-1) Von H. Tapper, 80 S., 161 Farbfotos, 13 Zeichnungen, kartoniert. ●●

Der schön gedeckte Tisch
Vom einfachen Gedeck bis zur Festtafel stimmungsvoll und perfekt arrangiert.
(**4246**-1) Von H. Tapper, 112 S., 206 Farbfotos, 21 s/w-Abbildungen, Pappband. ●●●

Servietten falten
80 Ideen für schön gedeckte Tische
(**1042**-7) Von M. Müller, O. Mikolasek, 80 S., 289 Farbfotos, 50 Zeichnungen, kart. ●●

Phantasievolle Tischdekorationen selber machen
(**0984**-4) Von Y. Thalheim, H. Nadolny, 80 S., 174 Farbfotos, 21 Zeichnungen, kart. ●●

Servietten dekorativ falten
Geschmackvolle Anregungen aus Stoff und Papier. (**0804**-X) Von H. Tapper, 32 S., 134 Farbfotos, Pappband. ●

Weine und Säfte, Liköre und Sekt
selbstgemacht.
(**0702**-7) Von P. Arauner, 232 S., 76 Abb., kartoniert. ●●●

Was Weinfreunde wissen wollen
Fragen und Antworten rund um den Wein
(**1224**-1) Von Prof. Dr. K. Röder, H.-G. Dörr, ca. 224 S., kartoniert. ●●

FALKEN Mixbuch
(**4733**-9) Hrsg. P. Bohrmann, 560 S., 227 Farbfotos, Pappband. ●●●

Vitamindrinks
(**1408**-2) Von H. Reith, W. Hubert, 64 S., ca. 50 Farbfotos, kartoniert. ●

Köstlich, cremig, sahnig, frisch
Mixen mit Milch
(**1151**-2) Von S. Carlsson, 64 S., 45 Farbfotos, Pappband.●

Cocktails und Drinks
(**1292**-6) Hrsg. S. Kieslich, 64 S., 70 Farbfotos, kartoniert. ●

Fruchtig, spritzig, eisgekühlt
Mixen ohne Alkohol
(**0935**-6) Von S. Späth, 64 S., 44 Farbfotos, Pappband. ●●

Longdrinks
(**1345**-0) Hrsg. E. Meyer zu Stieghorst, 64 S., ca. 50 Farbfotos, kartoniert. ●

Light Drinks
Mixen mit und ohne Alkohol
(**1222**-5) Von S. Edelberg, Heike Reith, 64 S., 48 Farbfotos, Pappband. ●●

Cocktails
(**4267**-1) Von W. R. Hoffmann, W. Hubert, U. Lottring, 160 S., 164 Farbfotos, 1 s/w-Foto, Pappband. ●●●●

Cocktails und Mixereien
für häusliche Feste und Feiern. (**0075**-8) Von J. Walker, 96 S., 4 Farbtafeln, kart. ●

Schlank werden nach Dr. Hay **Trennkost**
Die bewährten Vollwert-Rezepte von Ursula Summ. (**4298**-1) Von U. Summ, 96 S., 54 Farbfotos, 1 Zeichnung, kart. ●●

Das große Buch der Trennkost
Neue Rezepte von Ursula Summ
(**4498**-4) Von U. Summ, 144 S., ca. 100 Farbfotos, Pappband. ●●●

Gesund leben nach Dr. Hay
Cholesterinarme Trennkost
Neue Vollwert-Rezepte von Ursula Summ
(**4475**-5) Von U. Summ, 96 S., 52 Farbfotos, kartoniert. ●●

Die neue Trennkost
(**4685**-5) Von U. Summ, 96 S., ca. 100 Farbfotos, kartoniert. ●●●

Schlank nach Maß
mit der Diät-Computerwaage
(**1064**-8) Von K. Alisch, 104 S., 8 Farbtafeln, kartoniert. ●

Gesundes Essen für Berufstätige
Die 4-Wochen-Vollwertkur (**1065**-6) Von M. Weber, ca. 80 S., 8 Farbtafeln, kart. ●

Garten und Tiere

FALKEN Gartenjahr
(**4730**-4) Von K. Greiner, A. Weber, P. Michaeli-Achmühle, 320 S., 380 Farbabbildungen, Pappband. ●●●●

Garten heute
Der moderne Ratgeber · Über 1000 Farbbilder. (**4283**-3) Von H. Jantra, 384 S., über 1000 Farbabb., Pappband. ●●●●

Helmut Jantras Gartenbuch
Obst · Gemüse · Blumen
(**4522**-0) Von H. Jantra, 200 S., 395 Farbfotos, 123 Farbzeichnungen, 25 Tabellen, Pappband. ●●

1000 ganz bewährte Garten-Tips
(**4453**-4) Von H. Jantra, 320 S., 288 zweifbg. und 62 s/w-Zeichn.,, Pappband. ●●●

Obst, Gemüse, Blumen, Gras
Gärtnern macht den Kindern Spaß
(**4517**-4) Von U. Krüger, 96 S., 85 Farbfotos, 180 Farbzeichznungen, Pappband. ●●

Rosen
(**4692**-8) Von H. Steinhauer, ca. 144 S., zahlr. Farbabb., Pappband. ●●●●●

Rosen
Auswahl · Pflege · Gestaltung
(**1183**-0) Von H. Jantra, 120 S., 200 Farbfotos, 20 Farbzeichnungen, 8 Bepflanzungspläne, kartoniert. ●●

Bunte Pracht der Stauden
Auswahl · Pflege · Gestaltung
(**1376**-0) Von H. Jantra, ca. 112 S., ca. 140 Farbabb., kartoniert. ●●●

Erfolgstips für den Obstgarten
Gesunde Früchte durch richtige Sortenwahl und Pflege
(**0827**-9) Von F. Mühl, 184 S., 16 Farbtafeln, 33 Zeichnungen, kartoniert. ●●

Erfolgstips für den Gemüsegarten
Mit naturgemäßem Anbau zu höherem Ertrag. (**0674**-8) Von F. Mühl, 80 S., 30 s/w-Fotos, 4 Zeichnungen, kartoniert. ●●

Obstgehölze sachgemäß schneiden
(**1127**-X) Von P. G. Wilhelm, 136 S., 8 s/w-Abb., 367 Zeichnungen, kart.●●

Kompost im Hausgarten
herstellen und anwenden
(**1258**-6) Von H. Abels, J. Jöstingmeier, ca. 30 zweifarbige Zeichnungen, kart. ●

Der naturgemäße Zier- und Wohngarten
Anlegen · Gestalten · Pflegen
(**0748**-5) Von I. Gabriel, 128 S., 72 Farbfotos, 46 Farbzeichnungen, kartoniert. ●●

Natürlich gärtnern unter Glas und Folie
Anbauen und ernten rund ums Jahr
(**0722**-1) Von I. Gabriel, 128 S., 62 Farbfotos, 45 Farbzeichnungen, kartoniert. ●●

Schneckenbekämpfung
giftfrei und naturgemäß
(**1378**-7) Von B. Meyer, Y. Thalheim, 64 S., 25 s/w-Zeichnungen, 8 Farbtafeln, kartoniert.●●

Dekorative Kübelpflanzen
Auswahl und Pifege
(**1074**-5) Von H. Jantra, 112 S., 180 Farbfotos, 35 Farbzeichnungen, kartoniert. ●●

Blütenpracht auf Balkon und Terrasse
(**0928**-3) Von M. Haberer, 88 S., 139 Farbfotos, kartoniert. ●●

Moderne Gartengestaltung
(**1255**-1) Von K. Greiner, A. Weber, 128 S., mit Rasterbogen und Planelementen zum Ausschneiden, ca. 120 Farbfotos, ca. 20 vierfarbige Pläne, kart. ●●●

Gestaltungsideen für
Schöne Gärten
(**4482**-8) Von H. Jantra, 168 S., 309 Farbfotos, 3 s/w-Fotos,, Pappband. ●●●●●

Der pflegeleichte Hausgarten
(**1170**-9) Von H. Jantra, 112 S., vierfarbige Abb., kart. ●●

Schöne Kräutergärten
(**1256**-X) Von H. Jantra, 112 S., vierfarbige Abb., kart. ●●

Kleingärten
Planen · Anlegen · Pflegen
(**1015**-X) Von H. Jantra, 88 S., 123 Farbfotos, 1 s/w-Foto, 14 Farbzeichnungen,, kart. ●●

Reihenhausgärten
Planen · Anlegen · Pflegen
(**1016**-8) Von H. Jantra, 104 S., 134 Farbfotos, 45 Farbzeichnungen, kart. ●●

Kletterpflanzen
Mit Sonderteil Dachbegrünung
(**4546**-8) Von U. Mehl, K. Werk, 128 S., ca. 150 Farbfotos, farbige und s/w-Zeichnungen, Pappband. ●●●●●

Steingärten Wirkungsvoll gestalten und sachgerecht pflegen
(**4452**-6) Von A. Throll-Keller, 128 S., 203 Farbf., 56 Farbzeichn., Pappband. ●●●●

Gartenteiche, Tümpel und Weiher
naturnah anlegen und pflegen
(**1073**-7) Von Dr. F. Liedl, H. Goos, 80 S., 87 Farbfotos, 39 Farbzeichnungen, kart. ●●

Wasser im Garten
Von der Vogeltränke zum Naturteich · Natürliche Lebensräume selbst gestalten. (**4230**-2) Von H. Hendel, P. Keßeler, 240 S., 315 Farbabb., 11 s/w-Fotos, Pappband. ●●●●●

Pflanzen und Tiere für den Gartenteich
(**1171**-7) Von W. Costa, 128 S., 169 Farbfotos, 40 Farbzeichnungen, 8 Bepflanzungspläne, kartoniert. ●●

Wintergärten
Das Erlebnis, mit der Natur zu wohnen. Planen, Bauen und Gestalten.
(**4256**-6) Von LOG ID, 136 S., 130 Farbfotos, 107 Zeichnungen, Pappband. ●●●●●

Rund ums Jahr erfolgreich gärtnern
Gewächshäuser
planen · bauen · einrichten · nutzen
(**4408**-9) Von Dr. G. Schoser, J. Wolff, 232 S., 368 Farbabb., 5 s/w-Fotos, Pappband. ●●●●●

Das moderne Handbuch **Zimmerpflanzen**
(**4416**-X) Von H. Jantra, 304 S., 766 Farbfoto 64 Farb- und 19 s/w-Zeichnungen, Pappban ●●●●

365 Erfolgstips für schöne Zimmerpflanzen
(**0893**-7) Von H. Jantra, 144 S., 215 Farbfoto kartoniert. ●●

Dekorative Blattpflanzen
Auswahl und Pflege
(**1128**-8) Von H. Jantra, 128 S., 198 Farbfotos 20 Farbzeichnungen, kartoniert. ●●

Prof. Stelzers grüne Sprechstunde
Gesunde Zimmerpflanzen
Krankheiten erkennen und behandeln. Mit neuem Diagnosesystem.
(**4274**-4) Von Prof. Dr. G. Stelzer, 192 S., 410 Farbfotos, 10 s/w-Zeichn., Pappband. ●●●●

Hydrokultur
Pflanzen ohne Erde – mühelos gepflegt. (**0944**-5) Von H.-A. Rotter, 144 S., 167 Farbfotos, 13 Farbzeichnungen, kart. ●●

Gesunde Pflanzen in
Hydrokultur
(**1257**-8) Von H.-A. Rotter, 80 S., ca. 60 s/w-Zeichnungen, 8 Farbtafeln, kart. ●

Bonsai Japanische Miniaturbäume und Miniaturlandschaften. Anzucht, Gestaltung und Pflege.
(**4091**-1) Von B. Lesniewicz, 160 S., 106 Farb fotos, 46 s/w-Fotos, 115 Zeichnungen, gebunden. ●●●●●

Kakteen
Auswahl · Pflege · Vermehrung
(**1429**-5) Von G. Andersohn, ca. 120 S., zahlr Farbabb., kartoniert. ●●●

Grzimek Juniors **BUNTE TIERWELT**
(**4295**-7) Von Chr. Grzimek, 208 S., 308 Far fotos, Pappband. ●●●●

Hunde
Rassen · Ausbildung · Pflege · Zucht
(**4118**-7) Von H. Bielfeld, 192 S., 222 Farb- und 73 s/w-Abb., Pappband. ●●●●

Das neue Hundebuch
Rassen · Aufzucht · Pflege (**0009**-X) Von W. Busack, überarbeitet von Dr. med. vet. A. H. Hacker und H. Bielfeld, 112 S., 8 Farbtafeln, 27 s/w-Fotos, 6 Zeichnungen, kartoniert. ●

Alles über Dackel, Teckel und Dachshunde
(**1079**-6) Von M. Wein-Gysae, 80 S., 46 Farbfotos, 2 zweifarbige Zeichnungen, kart. ●●

Hundeausbildung
Verhalten · Gehorsam · Ausbildung
(**0346**-3) Von R. Menzel, 88 S., 26 Fotos, kartoniert. ●

·undausbildung für Gebrauchshunde
:häferhund, Boxer, Rottweiler, Dobermann, esenschnauzer, Airedaleterrier, Hovawart ıd Bouvier.
(**801**-5) Von M. Schmidt und W. Koch. 104 S., Farbtafeln, 51 s/w-Fotos, 5 s/w-Zeich- ıngen, kartoniert. ●●

er Hund in der Familie
(**)14**-1) Von J. Werner, 128 S., 106 Farbfotos, ırtoniert. ●●

er Deutsche Schäferhund
(**)91**-5) Von U. Förster, 112 S., 47 Farbzeich- ıngen, 2 s/w-Fotos, kartoniert. ●●

er Deutsche Schäferhund
ıfzucht · Pflege und Ausbildung
(**073**-1) Von A. Hacker, 104 S., 56 Abbildun- ɪn, kartoniert. ●

les über junge Hunde
(**863**-5) Von Dr. med. vet. E. M. Bartenschla- ɪr, 64 S., 49 Farbfotos, 6 Zeichnungen, ırtoniert. ●●

chtige Hundeernährung
(**811**-2) Von Dr. med. vet. E. M. Bartenschla- ɪr, 80 S., 51 Farbf., 4 Farbzeichn, kart. ●●

undekrankheiten
(**)77**-X) Von Dr. med. vet. R. Spangenberg, ; S., 44 Farb- und 1 s/w-Foto, 22 Farbzeich- ıngen, kartoniert. ●●

ɔn Ajax bis Zamperl
ie beliebtesten Hunde-Namen
(**174**-1) Von H.-J. Schließke, ca. 80 S., kart. ●

ie Katze in der Familie
(**)76**-1) Von U. Birr, 128 S., zahlr. Farbabb., ırtoniert. ●●

atzen
ıssen · Verhalten · Pflege · Zucht
(**158**-6) Von B. Gerber, 176 S., 294 Farb- und 3 s/w-Fotos, Pappband. ●●●●

as neue Katzenbuch
ıssen · Aufzucht · Pflege.
(**427**-3) Von B. Eilert-Overbeck, 120 S., Farbfotos, 26 s/w-Fotos, kartoniert. ●

atzenkrankheiten
kennen und behandeln
(**)78**-8) Von Dr. med. vet. R. Spangenberg, 4 S., 40 Farbfotos und 11 Farbzeichnungen, ırtoniert. ●●

inge Katzen
(**862**-7) Von Dr. med. vet. E. M. Bartenschla- ɪr, 72 S., 40 Farbfotos, 4 Farbzeichnungen, ırtoniert. ●●

'erde
(**186**-1) Von H. Werner, 176 S., 196 Farb- und) s/w-Fotos, 100 Zeichnungen, Pappband. ●●●

eiten im Bild
(**415**-X) Von H. Werner, 128 S., 142 Farbfo- s, 107 Farbzeichnungen, kartoniert. ●●

er Hobby-Imker
(**978**-X) Von Dr. R. F. A. Moritz, 144 S., 106 veifarbige Zeichnungen, kartoniert. ●●

eflügelhaltung als Hobby
(**749**-3) Von M. Baumeister, H. Meyer, 4 S., 8 Farbtafeln, 47 s/w-Fotos, 15 zwei- ırbige Zeichnungen, kartoniert. ●●●

ttiche und kleine Papageien
(**864**-3) Von Dr. med. vet. E. M. Bartenschla- ɪr, 88 S., 84 Farbfotos, 9 Zeichnungen, ırtoniert. ●●

les über Großsittiche
(**320**-5) Von H. Bielfeld, 88 S., 88 Farbfotos, Farbzeichnungen, kart. ●●

les über Wellensittiche
(**129**-6) Von H. Bielfeld, 64 S., 53 Farbfotos, Zeichnungen, kartoniert. ●●

les über Kanarienvögel
(**901**-1) Von H. Schnoor, 64 S., 58 Farbfotos ıd Zeichnungen, kartoniert. ●●

Die Tiersprechstunde
Artgerechte Vogelfütterung im Winter
(**0908**-9) Von Dr. W. Keil, 64 S., 51 Farbfotos und Zeichnungen, kartoniert. ●

Elternlose Jungvögel
Erste Hilfe · Aufzucht · Auswilderung
(**1319**-1) Von I. Polaschek, 80 S., 80 Farbfotos, 5 Farbzeichnungen, kart. ●●

Diskusfische
Arten · Haltung · Pflege
(**1432**-5) Von H. Hirsch, 60 S., ca. 50 Farbfotos, kartoniert. ●●

Süßwasser-Aquarium
(**4191**-8) Von H. J. Mayland, 288 S., 564 Farbfotos, 75 Zeichnungen, Pappband. ●●●●●

Die Tiersprechstunde
Gesunde Fische im Süßwasseraquarium
(**1013**-3) Von H. J. Mayland, 96 S., 73 Farbfotos, 10 Zeichnungen, kartoniert. ●●

Alles über Zwerg- und Goldhamster
(**1012**-5) Von M. Mettler, 96 S., 96 Farbfotos, kartoniert. ●●

Alles über Chinchillas und Degus
(**1130**-X) Von M. Mettler, 96 S., 80 Farbfotos, 3 Zeichnungen, kartoniert. ●●

Alles über Meerschweinchen
(**0809**-0) Von Dr. med. vet. E. M. Bartenschlager, 72 S., 43 Farbfotos, 11 Farbzeichnungen, kartoniert. ●●

Alles über Zwergkaninchen
(**1075**-3) Von M. Mettler,. 64 S., 52 Farbfotos, kartoniert. ●●

Alles über Rennmäuse
(**1318**-3) Von M. Mettler, 80 S., 74 Vignetten, kart. ●●

Sport und Fitneß

Neue Lehrmethoden der Judo-Praxis
(**0424**-9) Von P. Herrmann, 223 S., 475 Abb., kartoniert. ●●

Judo perfekt 1
(**1249**-7) Von K. Fuchs, 128 S., kart. ●●

Fußwürfe
für Judo, Karate und Selbstverteidigung.
(**0439**-7) Von H. Nishioka, übers. von H. J. Heese, 96 S., 260 Abb., kart. ●●

Karate 1
zur Selbstverteidigung
(**1312**-4) Von M. Nakayama, 96 S., 315 s/w-Fotos, 5 Zeichn., kart. ●●

Karate 2
zur Selbstverteidigung
(**1362**-0) Von M. Nakayama, 96 S., 245 s/w-Fotos, kart. ●●

Nakayamas Karate perfekt 1
Einführung.
(**0487**-7) Von M. Nakayama, 136 S., 605 s/w-Fotos, kart. ●●

Nakayamas Karate perfekt 2
Grundtechniken.
(**0512**-1) Von M. Nakayama, 136 S., 354 s/w-Fotos, 53 Zeichnungen, kart. ●●

Nakayamas Karate perfekt 3
Kumite 1: Kampfübungen.
(**0538**-5) Von M. Nakayama, 128 S., 424 s/w-Fotos, kart. ●●

Nakayamas Karate perfekt 4
Kumite 2: Kampfübungen.
(**0547**-4) Von M. Nakayama, 128 S., 394 s/w-Fotos, kart. ●●

Nakayamas Karate perfekt 5
Kata 1: Heian, Tekki.
(**0571**-7) Von M. Nakayama, 144 S., 1229 s/w-Fotos, kart. ●●

Nakayamas Karate perfekt 6
Kata 2: Bassai-Dai, Kanku-Dai.
(**0600**-4) Von M. Nakayama, 144 S., 1300 s/w-Fotos, 107 Zeichnungen, kart. ●●

Nakayamas Karate perfekt 7
Kata 3: Jitte, Hangetsu, Empi.
(**0618**-7) Von M. Nakayama, 144 S., 1988 s/w-Fotos, 105 Zeichnungen, kart. ●●

Nakayamas Karate perfekt 8
Gankaku, Jion.
(**0650**-0) Von M. Nakayama, 144 S., 1174 s/w-Fotos, 99 Zeichnungen, kart. ●●

Karate
(**2308**-1) Von A. Pflüger, 96 S., 134 Farbfotos, 4 s/w-Zeichnungen, kart. ●●

Bo-Karate
Habo-Jitsu – die Techniken des Stockkampfes.
(**0447**-8) Von G. Stiebler, 176 S., 424 s/w-Fotos, 38 Zeichnungen, kart. ●●

Karate 1
Einführung · Grundtechniken.
(**0227**-0) Von A. Pflüger, 144 S., 195 s/w-Fotos, 120 Zeichnungen, kart. ●

Karate 2
Kombinationstechniken · Katas.
(**0239**-4) Von A. Pflüger, 176 S., 452 s/w-Fotos und Zeichnungen, kart. ●●

Karate Kata 1
Heian 1–5, Tekki 1, Bassai-Dai.
(**0683**-7) Von W.-D. Wichmann, 164 S., 703 s/w-Fotos, kart. ●●

Karate Kata 2
Jion, Empi, Kanku-Dai, Hangetsu.
(**0723**-X) Von W.-D. Wichmann, 140 S., 661 s/w-Fotos, 4 Zeichnungen, kart. ●●

Karate Kata 3
Bassai Sho, Kanku Sho, Nijushiho, Sochin.
(**1120**-2) Von W.-D. Wichmann, 144 S., 598 s/w-Fotos, 4 Grafiken, kart. ●●

Dragon – der Drache
Die Bruce-Lee-Story
(**1415**-5) Von L. Lee, ca. 192 S., zahlr. s/w-Abb., kartoniert. ●●●

Bruce Lees Kampfstil 1
Grundtechniken
(**0473**-7) Von B. Lee, M. Uyehara, 109 S., 220 Abb., kart. ●

Bruce Lees Kampfstil 2
Selbstverteidigungs-Techniken
(**0486**-9) Von B. Lee, M. Uyehara, 128 S., 310 Abb., kart. ●

Bruce Lees Kampfstil 3
Trainingslehre
(**0503**-2) Von B. Lee, M. Uyehara, 112 S., 246 Abb., kart. ●

Bruce Lees Kampfstil 4
Kampftechniken
(**0532**-7) Von B. Lee, M. Uyehara, 104 S., 211 Abb., kart. ●

Bruce Lee Kung-Fu
zur Selbstverteidigung
(**1399**-X) Von B. Lee, 104 S., 120 s/w-Abb., kartoniert. ●●

Shaolin Kung-Fu 1
Grundlagen chinesischer Kampfkunst
(**1363**-9) Von C. D. Yao, R. Fassi, 124 S., 207 s/w-Fotos, 30 s/w-Zeichnungen, kartoniert. ●●●

Shaolin Kung-Fu 2
Kampftechniken für Angriff und Abwehr
(**1416**-3) Von C. D. Yao, R. Fassi, ca. 144 S., ca. 600 s/w-Abb., kartoniert. ●●

Kung-Fu 1
Legende · Philosophie · Grundtechniken
(**0891**-0) Von Chr. Yim, 152 S., 401 s/w-Fotos, 2 s/w-Zeichnungen, kart. ●●

Kung-Fu und Thai-Chi
Grundlagen und Bewegungsabläufe
(**0367**-6) Von B. Tegner, 182 S., 370 s/w-Fotos, kart. ●●

Kung Fu
Theorie und Praxis klassischer und moderner Stile
(**0376**-5) Von M. Pabst, 160 S., 330 Abbildungen, kartoniert. ●●

Bruce Lees Jeet Kune Do
(**0440**-0) Von B. Lee, 192 S., mit 105 eigenhändigen Zeichnungen von B. Lee, kartoniert. ●●

Shaolin-Kempo – Kung-Fu
Chinesisches Karate im Drachenstil.
(**0395**-1) Von R. Czerni, K. Konrad, 246 S., 723 Abb., kart. ●●

Kickboxen
Fitneßtraining und Wettkampfsport.
(**0795**-7) Von G. Lemmens, 96 S., 208 s/w-Fotos, 23 Zeichnungen, kart. ●●

Ninja 1
Die Lehre der Schattenkämpfer.
(**0758**-2) Von S. K. Hayes, übers. von J. Schmit, 144 S., 137 s/w-Fotos, kartoniert. ●●

Ninja 2
Die Wege zum Shoshin.
(**0763**-9) Von S. K. Hayes, übers. von J. Schmit, 160 S., 309 s/w-Fotos, 2 Zeichnungen, kartoniert. ●●

Ninja 3
Der Pfad des Togakure-Kämpfers.
(**0764**-7) Von S. K. Hayes, übers. von J. Schmit, 144 S., 197 s/w-Fotos, 2 Zeichnungen, kartoniert. ●●

Ninja 4
Das Vermächtnis der Schattenkämpfer.
(**0807**-4) Von S. K. Hayes, übers. von J. Schmit, 196 S., 466 s/w-Fotos, kart. ●●

Taekwondo perfekt 1
Die Formenschule bis zum Blaugurt.
(**0890**-2) Von K. Gil, Kim Chul-Hwan, 176 S., 439 s/w-Fotos, 107 Zeichnungen, kart. ●●

Taekwondo perfekt 2
Die Formenschule vom Blau- bis zum Schwarzgurt.
(**0976**-3) Von K. Gil, K. Chul-Hwan, 192 S., 461 s/w-Fotos, 112 Zeichnungen, kart. ●●

Taekwondo perfekt 3
(**1068**-0) Von K. Gil, K. Chul-Hwan, 200 S., 429 s/w-Fotos, kartoniert. ●●●

Taekwondo perfekt 4
(**1250**-0) Von K. Gil, 160 S., zahlreiche s/w-Fotos und Schrittdiagramme, 17 Übungstafeln zum Herausnehmen, kart. ●●●

Ju-Jutsu 1
Grundtechniken · Moderne Selbstverteidigung.
(**0276**-9) Von W. Heim, F. J. Gresch, 164 S., 450 s/w-Fotos, 8 Zeichn., kartoniert. ●

Ju-Jutsu 2
für Fortgeschrittene und Meister.
(**0378**-1) Von W. Heim, F. J. Gresch, 160 S., 798 s/w-Fotos, kartoniert. ●●

Ju-Jutsu 3
Spezial-, Gegen- und Weiterführungs-Techniken · Stockkampfkunst.
(**0485**-0) Von W. Heim, F. J. Gresch, 200 S., über 600 s/w-Fotos, kartoniert. ●●

Aikido
Lehren und Techniken des harmonischen Weges.
(**0537**-7) Von R. Brand, 280 S., 697 Abb., kartoniert. ●●

Hap Ki Do
Koreanische Selbstverteidigung nach dem Lehrsystem des Großmeisters.
(**0379**-X) Von Kim Sou Bong, 112 S., 152 Abb., kartoniert. ●●

Dynamische Tritte
Grundlagen für den Zweikampf.
(**0438**-9) Von C. Lee, 96 S., 398 s/w-Fotos, 10 Zeichnungen, kart. ●●

Super-Tritte
(**1248**-9) Von W. Wallace, 136 S., kart. ●●

Selbstverteidigung
Abwehrtechniken für Sie und Ihn.
(**0853**-8) Von E. Deser, 96 S., 259 s/w-Fotos, kartoniert. ●

Die Faszination athletischer Körper
Bodybuilding
mit Weltmeister Ralf Möller.
(**4281**-7) Von R. Möller, 128 S., 169 Farbfotos, 14 s/w-Fotos, 1 Farbzeichnung, Pappband. ●●●●

Ladyfitneß
Das neue Körperbewußtsein der Frau
Bodyshaping · Körperpflege · Ernährung · Entspannung
(**4433**-X) Von Prof. Dr. S. Starischka, B. Grabis, D. von Cramm, G. W. Kienitz, 128 S., 227 Farbfotos, Pappband. ●●●●

Bodybuilding für Frauen
Wege zu Ihrer Idealfigur
(**0661**-6) Von H. Schulz, 112 S., 84 s/w-Fotos, 4 Zeichnungen, kart. ●

Bodybuilding
Anleitung zum Muskel- und Konditionstraining für sie und ihn
(**0604**-7) Von R. Smolana, 160 S., 171 s/w-Fotos, kartoniert. ●●

Bodybuilding
(**2314**-6) Von L. Spitz, 112 S., 203 Farbabbildungen, 10 Tabellen. ●●

Leistungsfähiger durch Krafttraining
Eine Anleitung für Fitness-Sportler, Trainer und Athleten.
(**0617**-9) Von W. Kieser, 96 S., 20 s/w-Fotos, 62 Zeichnungen, kart. ●

Krafttraining
Wirbelsäulengerechte Übungen an und mit Geräten
(**1309**-4) Von A. Balk, 48 S., 8 Bildtafeln, Spiralbindung. ●●●

Muskeltraining mit Hanteln
Leistungssteigerung für Sport und Fitneß
(**0676**-4) Von H. Schulz, 104 S., 92 s/w-Fotos, 2 Zeichnungen, kartoniert. ●

Ausdauertraining
Einführung und Grundtechniken
(**1396**-5) Von G. Eyting, 32 S., 41 Farbfotos, 21 Farbzeichn., kartoniert. ●●●

Hanteltraining zu Hause
(**0800**-7) Von W. Kieser, 80 S., 71 s/w-Fotos, 4 Zeichnungen, kartoniert. ●

Fit und gesund
Fitneßtraining und Bodybuilding zu Hause. Trainingsprogramme für Ihr Wohlbefinden.
(**0782**-5) Von Prof. Dr. S. Starischka, 80 S., 100 Farbfotos, 3 Zeichnungen, kart. ●●

Optimale Ernährung
für Krafttraining und Bodybuilding.
(**0912**-7) Von B. Dahmen, 88 S., 8 Farbtafeln, 8 Zeichnungen, kart. ●●

Erfolgstraining
Mentale und körperliche Vorbereitung sportlicher Höchstleistungen
(**1162**-8) Von M. Regner, 128 S., 65 s/w-Fotos und Zeichnungen, kartoniert. ●●●

Aufwärmen
Übungen und Programme für Sport und Spiel
(**1311**-6) Von Dr. H. Wolff, 40 S., 8 Bildtafeln, Spiralbindung. ●●●

Fitneßtraining
Empfohlen vom Deutschen Sportbund
(**1245**-4) Von Marianne Schreiber, 32 S., Spiralbindung mit Ausklapptafeln. ●●

Wirbelsäulengymnastik
Empfohlen vom Deutschen Sportbund
(**1246**-2) Von L. Keller, 40 S., Spiralbindung mit Ausklapptafeln. ●●

Stretching
Empfohlen vom Deutschen Sportbund
(**1247**-0) Von A. Balk, 40 S., Spiralbindung mit Ausklapptafeln. ●●

Gesund und fit durch **Konditionstraining und Wirbelsäulengymnastik**
(**0844**-9) Von R. Milser und K. Grafe, 104 S. 99 Farbfotos, 12 Farbzeichnungen, 5 s/w-Zeichnungen, kart. ●●

Isometrisches Training
Übungen für Muskelkraft und Entspannung
(**0529**-6) Von L. M. Kirsch, 104 S., 150 s/w-Fotos, kartoniert. ●●

Stretching
Mit Dehnungsgymnastik zu Entspannung, Geschmeidigkeit und Wohlbefinden.
(**0717**-5) Von H. Schulz, 80 S., 90 s/w-Fotos kartoniert. ●

Stretching
(**2304**-9) Von B. Kurz, 96 S., 255 Farbfotos, kartoniert. ●●

Gesund und fit durch Gymnastik
(**0366**-8) Von H. Pilss-Samek, 88 S., 130 Ab kartoniert. ●

Funktionelles Körpertraining
Grundlagen und Bewegungsprogramme
(**1367**-1) Von A. Balk, 40 S., 100 Farbfotos, kartoniert. ●●●

Spielerisch zur Kondition
Über 100 Trainingsspiele zur Verbesserung von Ausdauer, Schnelligkeit, Kraft und Beweglichkeit
(**1214**-4) Von U. Stumpp, 120 S., 30 Grafiken kartoniert. ●●●

AOK-Videothek
Top-Form Gymnastik
Ein Bewegungsprogramm für pfundige Leu
(**6144**-7) VHS, ca. 30 Min., in Farbe. ●●●●

Fit und frisch
Gymnastik für die ganze Familie
(**6501**-9) Von G. Sieber, 104 S., 306 Farbfot 5 Farbzeichnungen, kart., mit Audiokassette Laufzeit 30 Min. ●●●

Sportjahr 93
Rekorde · Siege · Schicksale · Ergebnisse
Mit Sonderteil Leichtathletik-WM (**4690**-1) Ca. 176 S., zahlr. Farbabb., Pappband. ●●●

Freeclimbing
Technik und Training
(**1251**-9) Von T. Strobl, 144 S., durchgehend vierfarbig, kart. ●●●

Skateboard
Material · Technik · Fahrpraxis
(**1104**-0) Von F. Böhm, M. Rieger, 96 S., 321 Farbabbildungen, kartoniert. ●●●

Fechten
Florett · Degen · Säbel.
(**0449**-4) Von E. Beck, 88 S., 185 Fotos, 10 Zeichnungen, kartoniert. ●●

SportRegeln Volleyball
(**1368**-X) 88 S., 5 Farbtafeln, 19 s/w-Fotos, kartoniert. ●●

Fußball
(**2309**-X) Von H. Obermann, P. Walz, 112 S., 47 Farbfotos, 18 Farb- und 25 s/w-Zeichnungen, kart. ●●

Sepp Maier
Super-Torwart-Training
(**4451**-8) Von S. Maier, 168 S., 30 Farb- und 34 s/w-Fotos, 236 zweifarbige Zeichnunge Pappband. ●●●

SportRegeln
American Football
(**1165**-2) 136 S., 18 s/w-Fotos, kartoniert. ●

Handball
Technik · Taktik · Regeln.
(**0426**-5) Von F. und P. Hattig, 128 S., 91 s/w Fotos, 121 Zeichnungen, kart. ●●

ndball
ındlagen für Training und Spiel
21-9) Von H.-P. Oppermann, 120 S.,
Farbtafeln, 12 s/w-Fotos, 108 Farbzeich-
ıgen, kartoniert. ●●

ortRegeln Handball
offiziellen Regeln
ssenswertes von A bis Z
99-6) 88 S., 32 s/w-Fotos, 14 Zeich-
ıgen, kartoniert. ●

ortRegeln Rugby
offiziellen Regeln
ssenswertes von A bis Z
16-0) 96 S., zahlr. zweifbg. Abb., kart. ●

nnis
hnik · Taktik · Regeln.
75-7) Von W. u. S. Taferner, 112 S., 81 Abb.,
toniert. ●

ortRegeln Tennis
offiziellen Regeln
ssenswertes von A bis Z
97-4) 88 S., 24 s/w-Fotos, 6 Zeichnungen,
toniert. ●

chtennis-Technik
r individuelle Weg zu erfolgreichem Spiel.
75-2) Von M. Perger, 144 S., 296 Abb.,
toniert. ●●

ortRegeln Tischtennis
offiziellen Regeln
ssenswertes von A bis Z (**1252**-7) 96 S.,
ılreiche zweifarbige Abb., kart. ●

dminton
hnik · Taktik · Training.
99-3) Von K. Fuchs, L. Sologub, 168 S.,
Abbildungen, kartoniert. ●●

ortRegeln
dminton
01-6) 84 S., kartoniert.●

uash
11-1) Von P. Langhammer, R. Michna, 96 S.,
Farbfotos, 13 Farbzeichn., kart. ●●

uash
srüstung · Technik · Regeln
39-3) Von D. von Horn, H.-D. Stünitz,
S., 55 s/w-Fotos, 25 Zeichnungen, kart. ●

ortRegeln Squash
offiziellen Regeln
ssenswertes von A bis Z
00-8) 64 S., 11 s/w-Fotos, 23 Zeichnungen,
toniert. ●

lf
ue Wege zum erfolgreichen Spiel
09-3) Von O. Heuler, ca. 144 S., zahlr.
babb., Pappband. ●●●●

ortRegeln Golf
15-9) 96 S., 19 s/w-Fotos, kartoniert. ●

lf
srüstung und Technik.
343-9) Von J. C. Jessop, 96 S., 57 Abb.,
ıhang Golfregeln des DGV, kart. ●

hockey
ıf- und Stocktechnik, Körperspiel, Taktik,
srüstung und Regeln.
14-1) Von J. Capla, 264 S., 548 s/w-Fotos,
Zeichnungen, kart. ●●●

ortRegeln
hockey
98-2) 116 S., kartoniert.●

lard
ındstöße · Viertelbillard und Freie Partie
13-2) Von Dr. H. Stingel, 112 S., 196
chn., kart., ●●●

ındlagen für Training und Spiel
ol-Billard
18-9) Von B. Pejcic, R. Meyer, 96 S., durch-
ıend vierfarbig, kart. ●●

ol-Billard
84-2) Herausgegeben vom Deutschen
ol-Billard-Bund. Von M.Bach, K.-W. Kühn,
S., 64 Abb., kart. ●

FALKEN Video
Reiten
Von der ersten Stunde bis zum Ausritt
(**6097**-1) VHS, ca. 60 Min., in Farbe, mit
Begleitheft.●●●●*

Reiten
(**2322**-7) Von T. Eckholt, 128 S., durchgehend
vierfarbig, kart. ●●

Tanzstunde
Das Welttanzprogramm leicht gelernt
(**4409**-2) Von G. Hädrich, 164 S., 489 s/w-
Fotos, 63 Zeichnungen, Pappband. ●●●

Wir lernen Tanzen
(**0200**-9) Von E. Fern, 152 S., 119 s/w-Fotos,
47 Zeichnungen, kartoniert. ●●

Anmutig und fit durch
Bauchtanz
(**0911**-9) Von Marta, 120 S., 229 Farbfotos,
6 s/w-Zeichnungen, kartoniert. ●●●

Sporttauchen
Theorie und Praxis des Gerätetauchens
(**0647**-0) Von S. Müßig, 144 S., 8 Farbtafeln,
35 s/w-Fotos, 89 Zeichnungen, kart. ●●

Fit mit Sporttauchen
(**2320**-0) Von Dr. F. Naglschmid, 112 S.,
71 Farbfotos, 21 Zeichnungen, kart. ●●

Angelfischerei von Aal bis Zander
Fische · Geräte · Technik.
(**0324**-2) Von H. Oppel, 72 S., 16 Farbtafeln,
49 s/w-Abb., kartoniert. ●●

Angeln
Kleine Fibel für den Sportfischer.
(**0198**-3) Von E. Bondick, 80 S., 4 Farbtafeln,
116 Abbildungen, kartoniert. ●

Fit mit Surfen
(**2317**-3) Von H. Mönster, K.-H. Eden, B. Bohr,
104 S., 110 Farbfotos, 23 s/w-Zeichnungen,
kartoniert. ●●

Skifitneß
Konditionstraining und Skigymnastik für
Piste und Loipe
(**1418**-X) Von G. Stangassinger, ca. 40 S.,
ca. 8 Bildtafeln, kartoniert. ●●●

Snowboarding
Ausrüstung · Fahrtechnik · Wettkämpfe
Videokassette (**6139**-0) VHS, ca. 45 Min.,
in Farbe. ●●●●*

Fibel für Kegelfreunde
Sport- und Freizeitkegeln · Bowling
(**0191**-6) Von G. Bocsai, 72 S., 62 Abb., kart. ●

111spannende Kegelspiele
(**2031**-7) Von H. Regulski, 80 S., 53 Zeichnungen, kartoniert. ●

Beliebte und neue
Kegelspiele
(**0271**-8) Von H. Regulski, 92 S., 62 Abbildungen, kartoniert. ●

Mensch und Gesundheit

Der moderne Ratgeber
Wir werden Eltern
Schwangerschaft · Geburt · Erziehung des
Kleinkindes.
(**4269**-8) Von B. Nees-Delaval, 376 S., 335
2-farbige Abb., Pappband. ●●●●

Ich freue mich auf mein Baby
Ratgeber und Tagebuch für die Schwangerschaft
(**4711**-8) Von E. Portz-Schmitt, 184 S., 18 Farbfotos, 72 Farbzeichn., Pappband. ●●●●

Ich bekomme ein Baby
Wegweiser für Schwangerschaft und Geburt
(**1254**-3) Von B. Nees-Delaval, 144 S.,
durchgehend zweifarbig, kart. ●●

Wenn der Mensch zum Vater wird
Ein heiter-besinnlicher Ratgeber
(**4259**-0) Von D. Zimmer, 160 S., 20 Zeichnungen, Pappband. ●●●

AOK Bibliothek
Schwangerschaftsgymnastik und
Geburtsvorbereitung
(**1423**-6) Von L. Keller, ca. 112 S., zahlr. Farbabb., kartoniert. ●●●

Vorbereitung auf die Geburt und
Schwangerschaftsgymnastik
Atmung, Rückbildungsgymnastik,
(**0251**-3) Von S. Buchholz, 112 S.,
98 s/w-Fotos, kartoniert. ●

Die Kunst des Stillens
nach neuesten Erkenntnissen (**0701**-9) Von
Prof. Dr. med. E. Schmidt, S. Brunn, 112 S.,
20 Fotos und Zeichnungen, kart. ●

Das Babybuch
Pflege · Ernährung · Entwicklung
(**0531**-8) Von A. Burkert, 96 S., 76 zweifbg.
Zeichnungen, 22 s/w-Zeichnungen, kart. ●●

Babyfitneß
Massage, Spiele, Gymnastik und Schwimmen
für Kinder im 1. Lebensjahr
(**1034**-6) Von G. Zeiß, 112 S., 179 zweifarbige
Illustrationen, , kartoniert. ●●

Wenn Kinder krank werden
Medizinischer Ratgeber für Eltern
(**4240**-X) Von B. Nees-Delaval, 232 S., 163
Zeichnungen, Pappband. ●●●

Keinen Mann um jeden Preis
Das neue Selbstverständnis der Frau in der
Partnerbeziehung
(**4440**-2) Von Shere Hite, Kate Colleran,
208 S., Pappband. ●●●

Total verknallt ... und keine Ahnung?
Alles über Liebe, Sex und Zärtlichkeit
(**1024**-9) Von H. Bruckner, R. Rathgeber,
104 S., 38 Abbildungen, kartoniert. ●●

Streicheleinheiten für Körper und Seele
Partnermassage
(**4444**-5) Von Chr. Unseld-Baumanns, 136 S.,
145 Farbfotos, Pappband. ●●●●

freundin Ratgeber
Glück braucht Mut
Die Psycho-Logik des Jens Corssen
(**1176**-8) Von J. Corssen, B. Schmidt, 160 S.,
kartoniert. ●●

Angst und Panik
Ursachen · Symptome · Therapie
(**1422**-8) Von Prof. Dr. H.-R. Lückert, ca. 160 S.,
zahlr. Abb., kartoniert. ●●●

Wörterbuch der Medizin
(**4535**-2) 400 S., 229 Farbf., Pappband.
●●●●

Bildatlas des menschlichen Körpers
(**4177**-2) Von G. Pogliani, V. Vannini, 112 S.,
402 Farbabb., 28 s/w-Fotos, Pappband.
●●●●

Nahrungsmittelallergien
So ernähren Sie sich richtig!
(**0913**-5) Von Priv.-Doz. Dr. med. Dr. med.
habil. J. von Mayenburg, Prof. Dr. med. Dr.
phil. S. Borelli, E. Polster, 136 S., kart. ●●

Neurodermitis
Ursachen · Ganzheitliche Behandlung · Selbsthilfe
(**1218**-7) Von Prof. Dr. med. Dr. phil. S. Borelli,
144 S., kartoniert.●●

Bluthochdruck
Risikofaktoren · Vorbeugung · Behandlung
(**1125**-3) Von Prof. Dr. med. D. Klaus,
R. Unsorg, G. Leibold, 152 S., 25 Farbfotos,
22 Farbzeichnungen, kartoniert.●●●

Arteriosklerose
Risikofaktoren/Vorbeugung/Therapie
Richtige Ernährung bei erhöhtem Cholesterinspiegel.
(**1020**-6) Von Prof. Dr. med. G. Assmann, Dr. troph. U. Wahrburg, 192 S., 84 farb. Abb., 4 s/w-Zeichnungen, kartoniert. ●●●

Asthma
Pseudokrupp, Bronchitis und Lungenemphysem
Krankheitsbilder · Diagnose · Therapie
(**1126**-1) Von Prof. Dr. med. W. Schmidt, S. Ertelt, 152 Seiten, 110 zweifarbige Zeichnungen, kartoniert. ●●●

Risiko Herzinfarkt
Empfohlen von der Deutschen Herzstiftung
(**1217**-9) Von C. Halhuber, M. J. Halhuber, 152 S., 38 Farb- und 8 s/w-Zeichnungen, kartoniert.●●●

So arbeitet das Immunsystem
Funktionsweise · Störungen · Natürliche Stärkung
(**1253**-5) Von V. Friebel, J. Ledvina, A. Roßmeier, 168 S., 18 Farbtafeln, 38 zweifbg. Zeichnungen, kartoniert.●●●

Diabetes
Krankheitsbild, Therapie, Kontrollen, Schwangerschaft, Sport, Urlaub, Alltagsprobleme. Neueste Erkenntnisse der Diabetesforschung. (**0895**-3) Von Dr. med. H. J. Krönke, 120 S., 4 Farbtafeln, 14 s/w-Fotos, 13 s/w-Zeichnungen, kartoniert. ●

Naturkosmetik
Die Grundlagen gesunder und natürlicher Hautpflege.
(**1080**-X) Von N. E. Haas, 120 S., 63 Farbabb., kartoniert. ●●

Die sanfte Art des Heilens
Homöopathie
Praktische Anwendung und Arzneimittellehre
(**4418**-X) Von J. H. P. Kreuter, 216 S., 49 Zeichnungen, Pappband. ●●●

Aromatherapie
Gesundheit und Entspannung durch ätherische Öle.
(**1131**-8) Von K. Schutt, 96 S., 40 zweifarbige Abbildungen, kartoniert. ●●

Heilatmen
Ein Weg zu Lebenskraft und innerer Harmonie
(**1047**-8) Von K. Schutt, 112 S., 57 zweifarbige Abb., kartoniert. ●●

Bewährte Naturheilverfahren bei
Herz-Kreislauf-Erkrankungen
(**1084**-2) Von Dr. med. O. Wolff, G. Leibold, 104 S., kartoniert. ●

Risiko Herzinfarkt
(**1217**-9) Von Dr. C. Halhuber, Prof. Dr. M. J. Halhuber, 160 S., durchgehend zweifarbig, kart. ●●●

Krebsangst und Krebs behandeln
Mit einem Vorwort von Prof. Dr. med. Friedrich Douwes.
(**0839**-2) Von G. Leibold, 104 S., kartoniert. ●

Bewährte Naturheilverfahren bei
Krebs
(**1082**-6) Hrsg. H.-R. Heiligtag, 88 S., kartoniert. ●

Heilen mit Blütenenergien
nach Dr. Bach
(**1141**-5) Von J. Wenzel, ca. 96 S., kartoniert. ●

Bewährte Naturheilverfahren bei
Migräne und Schlafstörungen
(**1081**-8) Von G. Leibold, Dr. med. H. Chr. Scheiner, 112 S., kartoniert. ●

Gesunder Schlaf
Schlafstörungen ohne Medikamente erfolgreich behandeln.
(**1036**-2) Von D. H. Alke, 88 S., 22 s/w-Abb., mit Audiokassette, kartoniert. ●●●

Natürliche Behandlungsmethoden bei
Rückenschmerzen
Massage · Gymnastik · Entspannung
(**4447**-X) Von Prof. Dr. med. H. Hess, K. Eder, H.-J. Montag, K. Schutt, 152 S., 168 Farbabbildungen, Pappband. ●●●

TELE-Rückenschule
Wohlbefinden durch bewußte Körpererfahrung
(**1310**-8) Von K. Haak, 64 S., 19 Farb-, 24 s/w-Fotos, 24 Zeichn., 2 Ausklapptafeln, mit Audiokassette, kart. ●●●●

TELE-Rückenschule
Wohlbefinden durch bewußte Körpererfahrung
Videokassette (**6108**-0) VHS, ca. 60 Min., in Farbe, mit Broschüre. ●●●●*

Rheuma behandeln und lindern
Mit einem Vorwort von Dr. med. Max-Otto Bruker.
(**0836**-8) Von G. Leibold, 96 S., kartoniert. ●

Besser sehen durch Augentraining
Ein Gesundheitsprogramm zur Verbesserung des Sehvermögens.
(**0914**-3) Von K. Schutt, B. Rumpler, 96 S., 32 s/w-Zeichnungen, kartoniert. ●●

So arbeitet das
Immunsystem
(**1253**-5) Von V. Friebel, I. Ledvina, A. Roßmeier, 192 S., durchgehend zweifarbig, kartoniert. ●●●

Allergien behandeln und lindern
Mit einem Vorwort von Prof. Dr. med. Axel Stemmann.
(**0840**-6) Von G. Leibold, 96 S., 4 Zeichnungen, kartoniert. ●

Enzyme
Vitalstoffe für die Gesundheit
(**0677**-2) Von G. Leibold, 96 S., kartoniert. ●

Besser leben durch Fasten
(**0841**-4) Von G. Leibold, 96 S., kartoniert. ●

Die echte Schroth-Kur
(**0797**-3) Von Dr. med. R. Schroth, 88 S., 2 s/w-Fotos, kartoniert. ●

Massagetechniken und Heilanzeigen
Reflexzonentherapie
(**4404**-6) Von G. Leibold, 128 S., 53 Farbzeichnungen, Pappband. ●●●

Akupressur zur Eigenbehandlung
(**0417**-6) Von G. Leibold, 112 S., 78 Abb., kartoniert.●

Shiatsu-Massage
Harmonisierung der Energieströme im Körper
(**0615**-2) Von G. Leibold, 196 S., 180 Abb., kartoniert. ●●●

Fußsohlenmassage
Heilanzeigen · Technik · Selbsthilfe
(**0714**-0) Von G. Leibold, 96 S., 38 Zeichnungen, kartoniert. ●

Entspannung und Schmerzlinderung durch
Massage
(**0750**-7) Von B. Rumpler, K. Schutt, 112 S., 116 zweifarbige Zeichnungen, kart. ●

Gesundheit und Entspannung durch
Massage
(**1317**-5) Von K. Schutt, 168 S., 126 Farbf., 61 Farbzeichn., kart. ●●●

Entspannung
(**0834**-1) Von Dr. Med. Chr. Schenk, 88 S., 29 Zeichnungen, kart. ●

Autogenes Training
Ein Programm zur Streßbewältigung
(**1278**-0) Von Dr. P. Kruse, B. Pavlekovic, K. Haak, 112 S., durchgehend zweifarbig, kart. ●●●

Erfolg und Lebensfreude durch
Autogenes Training und Psychokybernetik
(**1035**-4) Von D. H. Alke, 80 S., 2 s/w-Zeichnungen, mit Audiokassette, kartoniert. ●●●

Chinesisches Schattenboxen
Tai-Ji-Quan
für geistige und körperliche Harmonie
(**0850**-3) Von F.T. Lie, 120 S., 221 s/w-Fotos, 9 s/w-Zeichnungen, Beilage: 1 s/w-Poster m zahlreichen Abbildungen, kart. ●●

Yoga für jeden
(**1277**-2) Von K. Zebroff, 144 S., Spiralbindung, durchgehend vierfarbig, kart. ●●●

Yoga
Weg zur Harmonie
(**4417**-8) Von A. Harf, W. von Rohr, 176 S., 171 Farbfotos, 12 s/w-Zeichnungen, Pappband. ●●●●

Yoga gegen Haltungsschäden und Rückenschmerzen
(**0394**-3) Von A. Raab, 104 S., 215 Abb., kartoniert. ●

AOK-Bibliothek
Radwandern
für die Gesundheit
(**1369**-8) Von S. Kälberer, J.–U. Knoll, 128 S. 126 Farbfotos, kartoniert. ●●●

AOK-Bilbliothek
Osteoporose
Vorbeugen · Diagnose · Behandlung
(**1371**-X) Von A. Baumgarten, 96 S., 74 Farb fotos, 17 Farbzeichn., kartoniert. ●●●

AOK-Bibliothek
Erkältungskrankheiten
Vorbeugung und Behandlung
(**1372**-8) Von G. Leibold, 112 S., 74 Farbfoto 7 Farbzeichn., kartoniert. ●●●

AOK-Bibliothek
Krankenpflege zu Hause
Anleitungen, Tips und Informationen
(**1373**-6) Von S. Hof, 104 S., 68 Farbfotos, 3 Farbzeichn., kartoniert. ●●●

PfundsKur Kochbuch
(**4726**-6) Von F. Metzler, 112 S., 81 Farbf., Pappband. ●●●

Fit ohne Fett
Die neue PfundsKur
(**1370**-1) Von Prof. Dr. V. Pudel, 128 S., karto niert. ●

Die aktuelle
Ballaststofftabelle
(**1288**-8) Von Dr. H. Oberritter, 80 S., kart. ●

Neue Rezepte für **Diabetiker-Diät**
Vollwertig · abwechslungsreich · kalorienarm
(**0418**-4) Von M. Oehlrich, 96 S., 8 Farbtafel kartoniert. ●

Diät bei Herzkrankheiten und Bluthochdruck
Rezeptteil von B. Zöllner
(**3202**-1) Von Prof. Dr. med. H. Rottka, 92 S., 4 Farbtafeln, kartoniert. ●●

Diät bei Erkrankungen der Nieren, Harnwege und bei Dialysebehandlung
Rezeptteil von B. Zöllner.
(**3203**-X) Von Prof. Dr. med. Dr. h. c. H. J. Sar und Prof. Dr. med. R. Kluthe, 96 S., 33 Farbfotos, 1 s/w-Zeichnung, kartoniert. ●●

Diät bei Darmkrankheiten
Durchfall · Divertikulose, Reizdarm und Dar trägheit · einheimische Sprue (Zöllakie) · Disaccharidasemangel · Dünndarmresektio Dumping Syndrom, Rezeptteil von B. Zöllne
(**3211**-0) Von Prof. Dr. med. G. Strohmeyer, 88 S., 4 Farbtafeln, kartoniert. ●●

Diät bei Gicht und Harnsäuresteinen
Rezeptteil von B. Zöllner.
(**3205**-6) Von Prof. Dr. med. N. Zöllner, 112 S 35 Farbtafeln, kartoniert. ●●

Diät bei Zuckerkrankheit
Rezeptteil von B. Zöllner (**3206**-4) Von Prof. Dr. med. P. Dieterle, 112 S., 42 Farbfotos, 4 vierfarbige Vignetten, 1 s/w-Zeichnung, kartoniert. ●●